내 안에 비춰진
영광

내 안에 비춰진

- 초판 1쇄 인쇄 2020년 10월 19일
- 초판 1쇄 발행 2020년 10월 23일

- 지은이 김명란
- 펴낸이 조유선
- 펴낸곳 누가출판사

- 등록번호 제315-2013-000030호
- 등록일자 2013. 5. 7.
- 주소 서울특별시 공항대로59다길 276 (염창동)
- 전화 02-826-8802 팩스 02-6455-8805

- 정가 13,000원
- ISBN 979-11-85677-51-4 03230

✱ 파본은 교환해 드립니다.
✱ 이 출판물은 저작권법에 의해 보호를 받는 저작물이므로 무단 복제할 수 없습니다.
✱ 독자의 의견을 기다립니다.
✱ sunvision1@hanmail.net

내 안에 비춰진
영광

김명란 지음

출판사
누가

추천서 1

 김명란 집사님의 2번째 에세이 "내 안에 비춰진 영광"은 하나님의 은혜를 누리며 하나님을 드러내는 삶을 살아가려고 노력하는 성도들에게 구체적인 내용을 제시한 책입니다.

 집사님은 우리 사랑스러운교회 사무 간사로 구역장으로 교회의 충성스러운 일꾼으로 맡은 일에 열심을 다하고 또 가정에 한 남편의 아내로 두 아이의 엄마로서 하나님 앞에 신실한 삶을 살아가고 계신 분입니다. 책에서도 느껴지지만 정말 소박하고 솔직 담백함이 집사님의 인품이요 또 집사님의 삶의 방식입니다. 집사님은 일상 속에서 하나님께 영광을 돌리는 삶을 세세히 기록하고 있습니다. 우리의 삶 속에서 일어나는 작은 만남, 생활 속에서 부딪히는 여러 갈등의 문제들을 하나님께서 연결시키고 어떻게 풀어주시는지 책에서 고백하고 있지요.

 하나님은 갚아주시는 분이심을 집사님은 일상을 통해 찬양하고 있습니다. 우리가 작은 것이지만 하나님의 약속을 기억하고 그 내용을 지키려고 노력할 때 하나님은 은혜를 베풀어주시고 또 때로는 방황과 고독 속에서 넘어지고 좌절하는 순간이 오더라도, 나는 혼자라고 생각할 때마다 교회에 세워주신 담임목회자를 통해 길을 인도하시고 만나주시는, 소속된 작은 소그룹을 통해 하나님의 위로와 인도하심을 받는 방법을 잘 기록하고 있습니다.

　남편의 사업실패, 아들 기준이의 진로 변경, 여린 개나리 나무와 같은 이쁜 딸 주영이를 통해 그 순간순간마다 하나님은 집사님과 함께 하고 계셨고 집사님 가정을 통해 내 안에 비춰진 영광된 삶이 되게 하셨다고 고백합니다.

　어려운 순간에 하나님께 기도한 집사님의 모습을 이 책은 잘 그려 놓았습니다. 집사님은 "하나님 아버지, 아버지 눈에 가장 아름다운 여자가 되게 하여 주셔서 최고로 아름다운 삶을 사는 여자가 되게 하여 주소서."라고 어려운 순간마다 기도하며 하나님의 영광을 구하고 있을 때 신실한 하나님의 응답을 경험하였음을 진솔하게 말하고 있습니다.

　게슈탈트 루빈의 컵처럼 보는 초점이 어디인가에 따라 삶의 목적이 정해진다는 집사님의 글에 큰 공감을 합니다. 우리는 하나님께 초점을 두고 그분의 영광을 목적으로 살아갈 때 참으로 행복해질 수 있습니다. 그것이 곧 은혜입니다.

세상 사람들은 하나님의 영광보다는 자신의 눈에 보이는 것과 남들보다 더 화려하고 큰 것을 추구하고 그것이 전부인 것처럼 살아가고 있습니다. 그 속에서 이 책은 무엇이 진정한 가치 있는 삶인가를 잘 나타내 주고 있습니다.
　모쪼록 집사님의 기도 제목이 이 책을 읽는 모든 독자들에게 동일하게 이루어지기를 바라는 마음으로 이 책을 추천합니다.

"하나님의 영광이 가득한 가정이 되게 하소서!
하나님의 은혜가 풍년인 가정이 되게 하소서!
항상 기뻐하고 기도하며 감사하는 가정이 되게 하소서!"

사랑스러운교회 담임목사 배만석

추천서 2

사랑하는 남편과 어린 두 자녀를 둔, 아직은 젊고 젊은 집사님을 처음 만났을 때가 기억납니다. 첫인상은 참 귀한 집 딸 같아 보였습니다. 사람을 대하고 이야기를 나눌 때도 흐트러짐이 없이 무척이나 공손하며 믿음이 좋아 보였습니다. 누구나 사업이 항상 잘 될 순 없겠지만 집사님의 사업도 평탄치만은 않았습니다. 그럼에도 늘 밝고 믿음으로 살려 힘썼던 것이 기억이 납니다.

개척 후 어느 날, 교회를 방문했을 때 제일 먼저 만난 사람이 김 집사님이었습니다. 교회 현관 입구 행정실에서 행정담당 사역자로 섬기고 있었습니다. 얼마나 반갑고 기뻤는지 모릅니다. 그 이후에도 교회를 방문하면 늘 집사님이 먼저 반겨주었습니다. 그 얼굴은 늘 감사와 기쁨으로 가득 차 있었습니다.

그런 집사님이 책을 내었습니다. 추천서를 부탁받고 원고를 읽어 내려가면서 누구의 눈에도 띄지 않을, 어딘가에 묻혀 있을 귀한 보석이 생각났습니다. 그것도 주님이 기뻐하실 귀한 보석이!

보석하면 화려하게 전시되어 뭇 사람의 시선을 끌 것이지만 집사님의 이야기는 너무나 소박하고 일상적이어서 화려하지도 남들의 시선을 단번에 사로잡을 만 하지도 않았습니다. 그러나 글을 읽으면서 나도 모르게 공감하고 감동받고 깨닫게 되고 부럽기까지 하는 마음을 갖게 되었습니다.

　세탁소 아주머니를 전도하며 두 손을 꼭 잡고 기도할 때 눈시울을 붉히시는 아주머니, 송구영신 예배를 드리고 새해가 되면 기대하고 사모하며 기다리게 되는 두 가지 이야기, 아들이 아르바이트로 벌어다 준 33만원으로 가족 만찬을 즐기기보다는 더 큰 기쁨을 얻어 내는 놀라운 지혜! 큰 수술 후 고집 부려 퇴원하던 날, 현관문을 열고 들어가는 순간의 기쁨, 막내며느리 이름을 꼭 확인하고 마지막에는 손주 손녀 교회 잘 다니는지 확인하고 전화를 끊으시는 백세가 가까운 시어머니 이야기, 아들 대학을 놓고 새벽기도를 시작하다 넉넉지 않은 살림에 조금씩 아껴 저축을 하려는 마음을 접고 새벽예배 드리면서 일천번제를 하나님께 드린 후 응답 받은 이야기, 하루하루 육신의 장막이 허물어짐을 눈으로 보며 어머니의 수술과 연약하여 지심 가운데 쌓이고 쌓였을 부모님의 기도의 축복을 사모하고 그런 어머니를 그리워하며 닮아가려는 이야기.

　이 모든 출발이 담임목사님의 축복의 말씀으로 시작된 이야기 등 아름답지 않은 이야기가 없었습니다.

어머니의 마지막 모습, 수술 후유증으로 연약할 대로 연약해지신 몸에 지팡이를 짚으시고 구역특송으로 하나님께 찬양 드리는 모습을 상기하며 "천국을 소망하며 살아내는 믿음의 삶은 고단하고 분주한 하루하루가 될지라도 모두 지내놓고 하나님 아버지 앞에 서면 기쁨이고 귀한 성취일 것이기에 더욱 값진가보다"라는 고백은 가슴 뭉클한 감동을 자아냅니다.

이런 귀한 성도가 있어 교회는 위대한가 봅니다. 꼭 한번 읽어보시길 추천합니다.

김포 사랑스러운교회 담임목사 최종일

글을 내면서

　삶의 목적이 어디에 있는지, 나의 시선이 지금 어디를 향하고 있는지, 내가 지금 몰입하고 집중하고 있는 일이 무엇인지 그 여부에 의하여 나의 삶이, 나의 인격이, 나의 믿음이 성장하고 성숙해지고 그로 인하여 행복한 삶을 회복하기도 하고 행복한 삶을 유지하며 행복을 나누기도 한다.

　"영광이 가득한 삶이 되라"는 담임목사님의 축복의 말씀은 나의 삶에 목적이요, 기도 제목이요, 그 삶을 위하여 집중하고 몰입해야 할 숙제다.

　그것을 위하여 삶에 걸림이 되는 여러 가지 것들을 아낌없이 잘라내는 일들이 우선이 되었다. 그 다음은 영광이 될 삶들을 사모하며 찾아 그것들을 나의 내면 깊숙이 자리할 잠재의식에 가득가득 채워가야 했다.

　한발 한발 앞으로 나아가지는 영광이 가득한 삶이 참으로 감사하고 또한 이러한 발걸음이 계속하여 하나님 앞에 가기까지 진행될 것이 감사하다.

지금도 믿음으로 기도하며 기다리는 영광 올려드릴 삶이 사실 얼마나 무궁무진하게 쌓여 있는가. 내 삶 가운데 그때를 기다리는 일들이 계속하여 일어나고 있어 나는 그것만으로도 충분이 행복하다.

그것은 분명 나를 찌르는 가시 같은 존재요 자갈밭 같은 삶일진대, 그것으로 인해 기도하는 삶이 되다 보니 그것으로 하나님을 만나고 또 그것으로 하나님의 음성을 듣고, 하나님을 믿음으로 행동에 옮기다 보니 그것이 행복을 붙잡을 수 있는 도구가 되고 행복한 삶으로 전환해 볼 수 있는 기회가 되었음이라.

이러한 도구들이 내 옆에 쌓여 있음은 나를 향하여 영광 받으실 하나님 아버지의 계획하심이 계속해서 진행형이 되어 나의 삶이 앞으로도 얼마나 신선하고 잠시도 쉼이 없이 오르락내리락 활력이 넘치겠는가.

하나님 아버지가 나와 함께 하심을 믿으니 이러함을 즐길 수 있는 내 안에 영적인 힘도 더불어 쌓여가며 순간순간 외롭고 공허하기보다는 하나님 아버지가 일하실 방법들이 기대가 되고 기다려진다.
나의 할 일은 오직 믿음으로 아버지를 향하여 아버지가 기뻐하실 모습을 유지하면서 행복한 하루하루를 최선을 다해 살아내면 되는가 싶다.

예수님이 십자가에서 흘려주신 보혈을 믿으며 그 보혈의 값으로 살고 있음을 나는 너무도 잘 알고 있다. 이제야 나의 믿음의 삶이 가장 귀한 금값된 것이어야 됨을 마음에서 감동으로 절실히 깨달아지니 감사하다.

지금도 나와 함께 하시는 하나님 아버지가 주시는 은혜와 기도의 응답을 늘 누리며 살고 있으면서도 안타깝게도 그러한 삶을 언제 잊어버렸는지 기억조차도 못하고 항상 새로운 은혜와 새로운 기도제목에만 집중하며 그것을 기다리며 살아간다.

이번 글쓰기를 통하여 나도 모르게 겉으로만 보여지는 삶에만 의식하고 또 그 모습에 나를 비교하는 삶이었음을 반성해본다. 하나님 아버지 품안에서 나의 영혼이 평안하고 범사에 감사 할 수 있는 지금의 소박한 믿음 있는 삶을 주님은 더욱 기쁘게 받아주실 것을 알게 되었고 그러한 삶을 행동하게 될 것이 기쁘다.

지금까지 받은 은혜들을 세어보며 기도에 응답해 주심도 헤아려 보며 하나님 아버지께 감사드린다.

새로운 글을 써볼 수 있도록 축복의 메시지를 심어 주셔서 부족하고 모자란 성도인 저에게 새 힘을 주시고, 항상 바른 믿음으로 바른 생활신앙인으로 양육해주시며 기도로 보살펴주시는 저의 담임목사님께 감사드린다. 제일 먼저 원고를 보시고 나의 삶에 모습을 이번에도 그대로 잘 보여준 글이라고 수고하셨다는 격려의 말씀이 참으로 기억할수록 힘이 되고 감사하다.

오래전 최종일 목사님을 만났을 때 첫인상은 참 깔끔하시면서 정확하고 정직하신 분으로 또 소신 있고 강건하신 분으로 기억이 된다.

개척하신 후 그 힘한 사역일정들이 많은 개척교회와 지교회들에게 모범이 되어주시는 훌륭한 목사님께서 저의 글을 보시고 주님이 기뻐하실 귀한 보석이라고 또 부러운 마음이라고 하시며 어린아이 같은 순수하고 모자란 제 영혼을 평안하게 해 주셨다.

추천서를 부탁드리러 찾아 갔을 때 저의 이야기를 처음부터 끝까지 귀담아 들어주시고 기도해주시던 목사님께 이 지면을 통해 진심으로 감사드린다.

좋은 원고 주셔서 감사하다고 이 책을 통하여 많은 영혼들이 하나님께로 돌아오며 은혜 받고 도전받는 귀한 양서가 되기를 위하여 기도해 주시고 두 번째 책이니 더 잘 만들겠다고 기대하셔도 좋다라고 힘을 주신 누가출판사 정종현 목사님과 직원분들에게 감사드린다.

늘 내 옆에서 말없이 지켜주는 남편 전성열 집사와 하나님이 기업으로 주신 아들 기준이와 딸 주영이가 있었기에 지금까지도 연약하고 나약함 가운데서도 하나님을 향하여 오직 믿음으로 살아올 수 있었음을 고백하며 감사드린다. 가장 소중한 가족들과 같이 지금의 이 큰 기쁨을 하나님께 영광 올려드린다.

이 책을 통하여 주님 앞에 선한 목적이 이루어지길 위하여 수시로 중보 기도해 주시고 격려해 주신 우리 교회 사랑하는 전도사님, 장로님, 권사님, 집사님들을 떠올려볼 때마다 얼마나 힘이 되는지요. 모두모두에게 감사드린다.

내 곁에 이렇게 귀하고 훌륭하신 분들을 세워주셔서 하나님께 영광 올려드림이 얼마나 기쁘고 기쁜지요.

"모두가 하나님 아버지 덕분입니다. 감사합니다."

2020. 7. 10
사랑스러운교회 1층 사무실에서 김명란 집사

목차

추천서 · 4
글을 내면서 · 10

1. 나와 함께하시는 하나님

승원세탁소	···	20
하나님 아버지의 방법은 다르다	···	26
행복	···	35
새해를 기다리는 거룩한 이유	···	37
게슈탈트 루빈의 컵을 보아라	···	42
나의 믿음을…	···	46
우리가 생각하는 것처럼	···	53

2. 나를 축복하시는 하나님

힘내라 이쁜 딸!!	···	56
꿈꾸는 이쁜 딸!!	···	63
집사님! 두 번째 책도 쓰세요	···	67
집사님은 나보다 더하십니다	···	75
아들, 고마워! 그리고 사랑해~~ᄊᄊ(1)	···	81
아들, 고마워! 그리고 사랑해~~ᄊᄊ(2)	···	91
엄마의 기도는 큰 능력	···	100
학교 보내는 길(1)	···	102
학교 보내는 길(2)	···	104
아니 그걸 왜 해?	···	106
당신의 마음	···	117

3. 나를 고치시는 하나님

엄마! 오늘은 병원에 좀 가봐	··· 120
하나님 어디 계세요? 너무 아파요	··· 125
왜 내 옆에는 맨날 아무도 없는 거예요?	··· 131
나는 항상 네 등 뒤에 있잖니	··· 138
당신의 자녀라는 삶이	··· 140

4. 나를 기대하게 하시는 하나님

하나님 아버지도 잘 아시잖아요?	··· 142
번제의 삶을 통하여 꿈을 꾼다	··· 147
기도의 씨앗은 심었니?	··· 156
영혼이 행복한 일을 하라	··· 160
거룩한 공연	··· 169
고백	··· 178
이젠 전도자의 삶을 살고 싶다	··· 180
나는 오늘도 그 우물가에 앉아 있다	··· 184
내 삶의 모델은 우리 엄마	··· 186
내 삶의 거울! 우리 엄마	··· 190
모두가 당신 덕분이어서	··· 193

글을 정리하며 · 195

나와 함께 하시는 하나님

1

승원세탁소

아침 일찍 일어나 두 아이 교복을 다려 입혀 학교 보내놓고 창문을 활짝 열어 제치고 상쾌한 공기를 들이마셔 본다. TV 음악프로를 틀어 놓고 커피 한잔을 준비하여 마시며 거실 한쪽 요가 매트에서 한참을 나름 운동을 하다가 소파에 털썩 두 다리를 쭉 펴고 누웠다.

'하루 종일 뭐하지…'

월요일 나만의 휴무일은 특별해야 되는데 특별하지를 못한가 보다.

"아줌마! 지난번에 맡긴 자켓과 가을 바바리코트 찾으러 왔어요."

이리저리 찾으시던 세탁소 주인아줌마의 낯 빛이 점점 어두워져 가는 것 같더니 급기야 큰 죄인이라도 된 듯 나에게로 온다.

"자기야! 미안해서 어쩌지. 지난번에 세탁소 대청소하면서 아마 그때 맡긴 세탁물이 버려진 것 같아."

"네?? 그거 우리 언니가 교회 다니면서 입으라고 보내준 옷들인데요."

"자기야! 미안해. 보상은 해달라는 데로 다 해줄게. 정말 미안해."
"아니, 그걸 어떻게 돈으로 받아요? 새 옷도 아닌 옷들을…"
"그럼, 어떻게 해?"
"일단 알겠어요. 제가 철야예배 드리러 가야 되니까 다시 올게요."

당황스럽기는 나도 마찬가지라 일단 그렇게 하고 세탁소를 나왔다. 아니 이럴 때는 무슨 말을 하면서 따져야 되나 싶은 게 참으로 어이가 없었다.

교회를 향하여 몇 발자국을 급하게 걷다가 문뜩 생각나는 것이 있어 나는 다시 세탁소로 들어갔다. 더욱 당황스러워하는 세탁소 주인아줌마에게 말했다.

"교회 다니세요?"
"아니, 교회 안 다녀요."
"그럼 다음 달에 우리 교회에서 예수 사랑 새 생명 대축제라고 교회 안 다니는 분들 교회로 초청하는 날이 있는데 그때 한번 오세요. 잃어버린 옷값 대신이에요."

아줌마는 얼굴이 갑자기 붉어지셨다.

"그래도 돼?"
"네. 교회 한번 와주세요. 그리고 그날 우리 목사님 말씀 잘 들으시고 똑바로 앉아 예배드리고 가시면 돼요."

그렇게 해서 김명희 성도님은 우리 교회에 강제 초청이 되어 교회에 오셨다. 그런데 나는 잃어버린 옷은 생각도 안 나고 초청에 응해주신 세탁소 아줌마가 교회에 와준 것이 너무너무 고맙고 고마워서 몇 번이고 인사를 했다. 그 뒤로도 세탁소 앞을 지날 때마다 웃으며 인사를 하며 드나들었다.

어느 날은 그렇게 또 찾아가니 당신 큰딸이 안 입는 옷들이라며 너무 미안해서 그 옷이라도 주고 싶다고 한쪽에다 깨끗하게 세탁까지 해서 몇 벌을 걸어 두셨다. 그 마음이 감사해서 들고 와서는 입을만한 분에게 나누어 드렸다.

그렇게 서너 달이 지났다. 세이레기도회 기간 동안 새벽기도를 하면서 지난 부흥회 때 하나님께 3월 안에 한 명 전도하겠다고 약속한 것이 생각이 나서 견딜 수가 없었다. '괜한 약속을 해가지고는' 하면서 내 속을 볶아대며 걱정이 되어 기도를 안 할 수가 없었다.

월요일 쉬는 날에 아침 일찍 집안일을 하고 전도하려고 품고 기도하는 태신자 사업장인 미장원에 들어가 안 해도 될 염색을 하면서 괜한 눈치를 보다가 결국 말 한마디 못하고 미장원을 나왔다.

이렇게 또 한주간이 지나가면 '어쩌지! 벌써 3월도 한 주가 지나가는데' 하면서 집으로 달려가 반찬을 만들었다. 만든 반찬을 통에 담아 들고는 그래도 손님 옷을 잃어버린 죄인이라고 미안한 마음으로 나를 반겨주는 세탁소 아줌마를 또 찾아갔다.

"자기야! 그렇잖아도 전화하려고 했는데 잘 왔어. 그 잃어버린 옷들 다 찾았어. 검정 봉지에 담아 한쪽에 걸어둔걸 못보고 잃어버린 줄 알았나 봐."

세탁해 놨으니 가져가라고 하는 것이 아닌가! 나는 너무 반갑기도 하고 또 아니기도 했다.

"아! 그래요? 오늘 쉬는 날이라 반찬 좀 했는데 맛은 없어도 드셔 보세요."
"아니 뭘 이런 걸. 고마워."

옆에 빈 의자가 있길래 맥없이 앉으며 나도 모르게 한숨을 쉬었나보다. 그러면서 혼자 넋두리를 했다.

"제가 이 동네에서 10년을 살았는데도 아는 사람이 별로 없네요. 저는 월요일에 쉬는 사람이라 찾아갈 때도 없고 또 월요일인 오늘 저를 찾아와주는 사람도 하나 없어요.
지난주엔 우리 교회에서 부흥회를 했어요. 그때 혼자서 3월 안에 한 사람을 우리 교회로 전도하겠다고 하나님께 약속을 해 버렸는데 아는 사람도 없고 정말 큰 일이예요. 약속은 뭐 하러 해서는…"

마침 세탁소에 들어오시는 남자 손님이 계셔서 쳐다보며 말을 중단했다. 인상이 무섭게 보이는 것이 교회 다니시냐고 물어볼 용기가 나질 않아 망설이는 사이에 손님은 세탁물을 찾아 나가 버리고 말았다.

세탁소 아줌마가 그냥 나의 이야기를 대충 들어주는 척 하는 줄 알았는데 다 듣고 계셨나보다. 손님이 나가고 나서 아줌마가 이번에는 혼자 말씀을 이어 가신다.

"주영 엄마는 가만히 지켜보니 믿음이 참 신실한 것 같다. 내가 지금껏 살아온 이야기는 교회 다니는 친하다는 친구한테도 안 해 봤는데… 나도 예전에 교회 다녔어요. 세례도 받았고요.

그동안 사는 게 너무 고단해서 다 잊고 살아왔는데… 이 세탁소를 하게 된 동기도 그때 다니던 교회 장로님이 기술을 배워야 된다고 해서 무작정 배운 일이 이 일이에요. 가끔씩 이제는 교회에 다녀야지 하는 마음이 들지만 금방 또 잊어버리곤 했는데… 친구들이 자기 다니는 교회에 한 번만 와 달라고 하면 한 번만 가주면 그만이데 주영이 엄마는 좀 다른 것 같아요. 내가 교회 갈게요. 3월 안에만 가면 되지요?"

"아! 정말이요? 그런데 이번에는 초청이 아니고 우리 교회에 등록을 해서 우리 교회 성도님이 되시는 거예요."

"주영 엄마! 나는 이렇게 바쁜 사람이라 성실하게 교회 다니기 어려워. 부담주면 내가 힘들 것 같은데."

"일단 등록을 하시면 이쪽 교구에 목사님과 전도사님이 찾아도 오시고 전화도 하시고 하실 거예요. 왜냐하면 그분들은 성도들이 교회에 정착하여 예배생활 잘 하실 수 있도록 관리하시는 일을 하시는 분들이기 때문이에요. 오히려 그렇게 안하고 모른 척하고 계시는 분들은 나쁜 사람들이라고 생각하시면 돼요. 교구에 전도사님과 목사님께 지금에 사정을 미리 말씀드려놓고 처음부터 부담되지 않고 온전하게 예배드릴 수 있도록 할게요. 아유! 세례도 받으신 분이 그동안 예배도 못 드리고 얼마나 속마음이 아프셨어요."

내가 세탁소 아줌마의 두 손을 꼭 붙잡고 기도를 하니 세탁소 아줌마의 눈시울이 붉어지시는 것이 아닌가! 세탁소 문을 나서는데 나의 입술에서는 "할렐루야! 하나님 감사합니다."라는 말이 나오면서 벅차오르는 가슴을 감당하기가 힘이 들었다.

"하나님!
3월 안에 전도하겠다는 약속 지키게 해 주셔서 정말 감사합니다. 잃어버렸던 옷도 보너스로 챙겨주셔서 정말 감사합니다."

하나님 아버지의 방법은 다르다

전도하고자 하는 마음, 하나님께 약속한 것을 지키려했던 나의 마음에 하나님이 감동하셨을까! 그 기쁨을 이기지 못하셨나보다.

은행에 볼일이 있어서 갔는데 그곳에 한 분이 나에게 이런 말씀을 하신다.

"집사님은 대출 없으세요?"
"대출 없는 사람이 어디 있나요? 저도 대출 많이 있지요."
"아! 그래요 몇 % 이자를 쓰시는데요?"
"저는 사연이 많은 사람이라 2금융 이자를 써요."
"아고! 2금융이면 이자가 엄청 많을 텐데요."
"맞아요. 이자 많이 내요. 모르는 것도 아니고 제 사는 형편이 그런 것을요. 그동안 아무리 1금융으로 옮겨보려고 애를 써도 안 되더라고요."
"집사님! 집주소하고 주민등록번호 좀 알려 주세요. 제가 한번 알아볼게요."
"아니에요. 됐어요. 저도 은행일은 좀 아는데 안 되더라고요. 앞으로 계속 여기에 와서 일도 해야 되는데 오히려 제 사는 형편이 부끄럽고 또 불편할 것 같아요. 말씀만이라도 감사해요."

"제가 조용히 한번 알아볼게요. 여기에 집주소하고 주민등록번호 적어주세요."

하면서 메모지와 볼펜을 내민다.
나는 분명한 얼굴을 하고 다시 그분을 쳐다보면서 말했다.

"제 이름 외에 그 어떤 명분으로는 안 돼요. 무슨 말씀이신지 아시죠? 그것을 약속해 주신다면 한번 알아봐 주세요."

하고는 집주소와 주민등록번호를 적어주고 왔다.
며칠이 지나 은행을 찾아가 보니 방법이 있다고 기대를 하게 하는 것이다. "하나님! 감사합니다. 그렇게만 된다면 정말 좋겠습니다."라고 기도하면서 볼일을 보고 나왔다.
아무래도 재정부에 부장으로 섬기시는, 항상 은행에 동행하시는 그 당시 임봉업 집사님에게는 말씀을 드려야 될 것 같아서 그러한 일이 있었음을 말씀을 드렸다. 임 집사님은 오히려 그런 일이 있었으면 진작 이야기를 하지 왜 여태 그러고 있었냐고 말씀하시면서 감사하게도 오히려 힘을 주신다.
또 며칠이 지나 이번에는 큰 기대를 가지고 은행을 찾아갔는데 이분이 하시는 말씀이 지난번과는 다르게 다른 말씀을 하신다.
솔직히 기대를 했던 마음이지만 섭섭한 마음을 숨기고 "거봐요. 제가 더 잘 안다니까요. 괜찮아요. 마음만이라도 너무 감사해요."

하고는 돌아섰는데 그런데 이게 웬일인가!

나는 안 된다는 것으로 마음을 다 접어버렸는데 그 당시 임봉업 집사님이 당신 볼일 보시러 지점장님 방안으로 들어가셨다가 한마디 거들어 주셨나보다.

지점장님과 같이 2층 대부계로 올라가시더니 대출 승인을 다 받아내서는 필요한 서류를 내게 메모해 주시면서 준비해 오라고 하시는 게 아닌가.

"이야! 이래서 빽이 좋다고 하는 것인가 보다."

부족한 부분을 지점장님 권한으로 대출을 받아 주신 것이다. 그 새로 오신 지점장님은 나에 대해서 아시는 것이 아무것도 없으신데 아무래도 "김명란 집사님은 믿음도 좋고 성실하시고 신뢰할 만한 분이니 한번 도와 달라"는 우리 집사님의 말씀이 있었을 것 같다.

그 지점장님 입장에서는 그런 말씀을 해 주시는 당시에 임봉업 집사님을 더 많이 신뢰했음을 나는 모르지 않는다. 그러면서도 벌어진 이 사실이, 이게 무슨 일인가 싶었다. 모든 것이 하나님의 은혜가 아니고서는 이리 될 수가 없는 것이다.

나의 힘으로는 되지 않는 일이라, 생각도 안하고 있던 일을 한 은행직원의 지나가는 말 한마디로 시작해 하나님은 당신의 사람을 통하여 해결해 주시고 나는 정말 아무것도 한 것이 없이 은혜를 받고 누리게 되니 너무 감사하다.

혹시나 또 안 된다고 하실까 봐 준비해 오라는 서류를 이튿날 바로 준비해서 은행에 가져다 드리고 그 자리에서 필요한 서류에 자서도 다 해버렸다. 며칠 후 정말로 2금융은행에서 1금융은행으로 대출을 옮겨왔다.

이 은혜로 인해 나는 매달 50만 원 정도 이자를 줄일 수 있었고 이 만큼을 원금상환으로 매달 갚아나가게 되었다.

"할렐루야! 하나님 정말 감사합니다."

나와 함께하셔서 나를 지키시고 살게 하시는 하나님을 찬양하지 않을 수 없었다. 사실 새해가 되어서 연약한 믿음으로 마음이 상하는 일이 몇 가지 있었다. '아니, 하나님! 왜 저만 이렇게 차별하세요.' 하는 교만한 마음이 어느 순간 내 속에 들어와 있었다. '저도 인정도 받고 수고했다는 소리도 듣고 싶고 그렇게 기분이 좋아서 교회 일하고 싶단 말예요.'라고 불평하는 마음이 자라고 있었던 것이다. '하나님! 제가 교회에서 일한 지가 몇 년인데 사례비 좀 더 주세요.' 하는 마음이 부끄럽지만 사실 있었던 것이다.

두어 달 혼자 그렇게 가슴앓이를 하면서도 부끄러운 양심은 있어 솔직히 말도 못하고 괜한 심술을 부리며 힘들게 하고 퉁퉁거리기도 했던 것이 사실이다. 그렇게 주변에 몇 분을 당황하게 하는 부끄럽고 한편으로는 순수한 시간이 있었다.

그러다가 그것도 하나님에 은혜인가보다. 어느 날은 수고했다는 인사는 내가 모든 사역을 다 내려놓고 마지막에 듣는 인사가 되어야 됨을 깨달았고 사례비에 대해서도 '교회 일 할 수 있음에만 감사해야지' 하는 기특한 생각과 또 '처음에 교회에 들어올 때의 첫 마음으로 회복이 되어보자' 하는 대견한 생각을 하게 되어 다시금 예전처럼 감사하는 마음과 평안한 마음으로 하나님 앞에서 나는 행복하게 교회 일을 할 수 있었다.

그런데 하나님은 이런 나의 교만하고 불평하는 마음도 기억해 두셨다가 당신에 그때에 채워주시는 분임을 알게 하셨다. 결국엔 나의 사례비를 50만 원이나 인상해 주셨음이 염치없으면서도 부끄럽고 또 감사했다. 이것이 아버지의 방법이신가 보다.

전도하는 마음만을, 영혼을 위하여 애쓰는 마음만을, 하나님 아버지께 약속한 것을 지키려고 하는 마음만을 보시고 불평하고 불만 가운데 구했던 것도 주지 않고는 견딜 수가 없으신 아버지의 마음을 묵상해 보는 참으로 잊지 못할 날이었다. 교회 직원이라는 것과 몸 된 교회가 나에게는 참으로 커다란 그늘이라는 것을 가슴 깊이 깨달아보는 날이 되기도 했다.

그것이 나의 일상에 얼마나 큰 힘이 되며 나에게 유익하며 여러 가지 일들을 경험하며 해 볼 수 있는 기회가 되고 또 그럼으로 그것이 축복임을 묵상해 보면서 온몸에 소름이 돋듯이 가슴이 벅차오르는 하루가 되었다. 몸 된 교회는, 내 하나님 아버지는 그렇게 때로는 그늘과 같이 든든한 울타리와 같이 나를 이끄시고 보호하시면서 나와 언제나 함께 하심에 감사드려보는 참으로 평안한 날이었다.

나는 나를 잘 알고 있다. 사실 가끔 교회 지하 기도방에 들어가

기도할 때 내가 생각해도 스스로 가엾다는 생각에 괜한 눈물을 쏟아내곤 했다.

"하나님! 나에게는 날개가 되어줄 것이 아무리 찾아봐도 지금은 아무것도 없는 것 같아요. 최선을 다해 몇 달 밤을 새워 머리가 어지러울 정도로 글 쓰는 것에 미쳐서 하나님을 찬양하고 감사하는 책을 결국엔 난생 처음으로 펴냈는데, 이것이 나는 너무 귀해서 큰 용기를 내어 세상에 내놓았는데 많은 사람에게 전달되어지도록 영향을 미칠 말 한마디 거들어줄 사람이 없어요.
또 일상에 물질 문제를 해결할 방법을 알면서도 열심히 살려 하는 의지만으로는 항상 그 몇 푼 앞에서 모든 것을 포기하고 내려놓아야만 되는 현실과 그래서 다시금 또 한참을 돌아가야만 하는 속이 상하는 일상들이 참으로 많아요.
누군가에게 물질적으로 조금만 도움을 받으면 벌써 많은 것을 이루었을 것도 같은데 밤 새워 여러 가지 궁리를 하고 방법을 찾아봐도 내가 할 수 있는 것이라곤 아무것도 없어요.
나에게 어떠한 것을 채우시기 위해 이렇게 힘을 내야만 하루하루 살아갈 수 있도록 하셨는지 그것을 생각하는 밤도 참으로 많았음을 아버지는 잘 아시지요?"

그렇게 힘도 없고 영향력도 없는 보잘것없는 영혼이 때로는 혼자서 시험거리를 만들고 낙심도 하면서도 끊임없이 하나님 앞에 기도하는 삶이 되게 하셨음이 오늘은 정말 많이 감사했다.

당신의 사람을 통해 나를 축복해 가시며 그래서 그 모든 것이 하나님의 은혜임을 알게 하시는 것을 또 체험하면서 나의 하나님 아버지의 마음을 조금 더 알게 되었나 보다.

지금 이 순간에도 나에게 가장 필요한 것이 무엇인지 무엇이 가장 시급한 문제인지 잘 알고 계시는 분이 나의 아버지임을 잘 안다. 이제는 아버지에 간절한 음성이 내 영혼에도 들리는가 싶다.

"나에게도 가장 필요한 것이 있단다. 나도 지금 해결해야만 하는 시급한 문제가 있단다. 사랑하는 나의 딸아! 너를 통하여 그 일들이 이루어지기를 바라고 그래서 지금도 기다리고 있단다."

그 후로도 내 마음에 그 지점장님이 여간 감사한 것이 아니다. '어떻게 감사하는 마음을 음료수 한 병으로 대접할 수 있으랴' 하는 것이 솔직한 나의 마음인데 달리 표현할 방법이 없었다. 한낱 보잘것없는 개인 고객인 내가 은행에 최고 직책인 지점장님을 뵙기가 어렵다는 것을 잘 알기에 마음으로만 고마운 마음을 가지고 있음이 은행에 갈 때마다 마음이 편하지가 않았다.

믿음의 사람인 내가 가장 고마움을 표현할 방법이 무엇이겠는가 생각하다 '이분을 교회로 전도하자'라는 마음을 먹었다. 은행에 갈 때마다 지점장실을 바라보며 '저 문을 내가 무슨 명분으로 들어간단 말인가!' 하며 고민했다. 솔직히 들어갈 일이 없었다. 그렇게 속수무책으로 시간만 지나 보내고 있었다.

가을이 되어 예수 사랑 새 생명 대축제는 어김없이 또 다가오고 있었다. 그 당시 임봉업 집사님께 이분을 전도하고 싶은 마음을 표현을 했는데 우리 집사님도 그러함을 위하여 여태 기도하고 계셨음을 감사하게도 들을 수 있었다.

어느 날 은행에 가면서 임봉업 집사님이 지점장님 방으로 들어가실 때 "집사님! 저 교회 초청장 가지고 왔는데 드리면 안 될까요?" 하니 같이 들어가자고 하신다. 나는 그냥 우리 집사님 뒤를 따라 들어가서 공손이 인사를 하고 우리 교회 초청장을 드릴 수 있었다. 지점장님은 당황해 하시면서도 받아주셨다. 그런데 그 주일에 정말 이분이 혼자도 아니고 사모님과 같이 교회에 예배를 드리러 오셨다.

"세상에나. 할렐루야~~ 하나님 감사합니다."

왜 잘나고 똑똑한 사람은 전도 대상이 아니라고, 아니 솔직히 어렵다고 생각을 해 왔는지… 그분들도 누군가 교회로 인도해 주기를 기다리고 있음을 조금은 알게 되었다.

그렇게 해서 우리 교회에 성도님이 되신 지점장님은 그 후로도 예배를 드리러 오시는 것을 뵐 수 있었다. 여러모로 바쁘신 분일 것을 짐작해 보면서 주일성수하기가 쉽지는 않겠지만 그래도 온전한 믿음으로 그 영혼도 주의 백성이 되어 천국의 소망을 품고 살아낼 수 있도록 기도할 수 있음이 나는 너무 감사했다. 이제 교회라는 큰 문을 넘어 성전으로 발걸음이 옮겨졌으니 하나님 아버지가 인도해 주시는 시간 속에서 이분도 성숙한 신앙인에 한 사람으로 성장되어 하나님을 예배할 것임을 나는 믿음의 눈으로 그려본다.

나를 도와주신 고마운 분을 전도하고 기도해 드릴 수 있음도 감사하고 내 마음에 은혜를 갚았다는 고운 마음에도 감사하다.

행복

가난한 삶
그 소박함 속에서도
평안함과 자유함으로
나를 이끄는 하루를 맞이함은
기도의 삶 덕분이다

하루를 분주함으로 살아내야 함은
당신이 허락하신 사명임을 깨달으니 감사하다
감사는 온유함으로 살아낼 순종이라고 속삭여 주시는 당신

나와 함께 하시는 당신으로 인하여
요즘은 수시로
마냥 행복하다고 소리 질러본다
네 살배기 아들처럼
혼자만 불러보는 찬양이 나를 춤추게 한다

이런 나의 일상을
기뻐하며
대견해 할 나의 당신이시여
깊은 미소로 나를 안아줄 당신이시여

오늘도

그런 당신만을 사랑한다고

나에게는 오직 당신만을 향한 믿음뿐이라고

하늘을 향하여 두 손을 들어본다

(김명란 시집 중에서)

새해를 기다리는 거룩한 이유

나는 송구영신 예배를 드리고 새해가 되면 기대하고 사모하며 기다리는 것이 있다. 몸 된 교회에 목회 계획 중에 하나인 한해에 두 번뿐인 봄가을 대심방과 상하반기 세이레 특별새벽기도회가 그것이다.

이번 상반기 13차 세이레 새벽기도회를 통하여 나는 날마다 새벽에 기도하는 삶이되기를 소원한다는 제목을 가지고 기도의 중심을 잡아 놨다.

새벽에 기도하는 삶을 통해 그의 나라와 의를 구하는 기도로 기도의 영역이 넓혀지고 가정과 자녀를 위해 특별히 당시 고3, 고1인 기준이와 주영이의 성품이 성장하고 믿음의 그릇 크기가 자라가기를, 그리고 이제부터는 나의 삶이 하나님이 채워주시는 건강과 물질의 은혜가 배가 되어 누리고 나누는 삶이 되고 지역에 믿음 없는 영혼들을 위하여 전도자의 삶이되기를 위하여 새벽마다 기도하고 싶었던 것이다.

담임목사님 말씀대로 21가지 기도제목을 적어 하나님께 간구하는 마음으로 제출하고 새벽마다 맨 앞에 나아가 맑은 정신으로 목사님 말씀에 집중하여 예배를 드리고 간절한 마음과 믿음으로 기도하였다.

다른 해보다도 이번 세이레 특별기도회 3주는 너무 일찍 지나버린 것만 같다. 교회버스를 타고 집으로 돌아가야만 되는 현실 때문에 기도시간이 너무 짧아 그 새벽에 기도의 분량을 채우지 못함이 참으로 야속했다. 그렇다고 또 그 추운 새벽에 늦게까지 기도하고 같이 기도하러 나온 작은 딸을 데리고 걸어서 집에 가기도 싫었다. 이 때문에 처음에 기도제목에 없던 '장막을 옮겨주세요.'라는 기도제목까지 보너스로 추가하게 되어 감사하기도 했다.

"하나님! 교회 앞으로 이사 올 수 있도록 도와주세요. 그래서 이 좋은 새벽에 맑은 영으로 마음껏 기도하다가 조금만 걸어서 집에 돌아갈 수 있도록 저희 집 장막을 교회 앞으로 옮겨올 수 있도록 도와주세요. 그게 아니면 저에게 작은 자동차를 한 대 주세요. 섬기는 모습으로 영혼을 위하여 사용되는 도구로 아버지가 인도해 주시면 되잖아요. 네?"

기도할 그 당시는 이 또한 하나님이 들으시고 응답하여 주실 것을 믿으니 참으로 감사하고 평안했다. 그런데 하나님은 서둘러 이 기도에 응답하시기 위해 기도제목에 없던 물질의 흐름도 만져주시고 채워 주셨다. 아마도 장막을 옮겨올 수 있도록 준비하시나보다.

낮은 이자로 또 주택담보를 만지지 않고도 은행을 옮겨오게 하셨음이 나의 작은 머릿속으로 앞서 계산이 된다.

그런데 나의 장막은 마당이 넓은 감나무와 단풍나무, 국화 울타리가 있는 집이여야 됨을 그동안 무수히 기도해 왔었으며 하나님 아버지는 이 기도를 응답해 주실 것을 믿음으로 이미 오래전부터 감사드렸는데 교회 앞으로 장막이 옮겨짐을 바람은 아마도 순간적인 나의 욕심이었나 보다. 그래서인가 나의 아버지는 세이레 기도회를 통하여 작은 자동차를 주셨다.

나의 형편에 자동차는 생각도 못해본 것인데 기도로 그것을 받아 누리게 되니 감사 또 감사할 뿐이다.

참으로 하나님은 분명하고 정확하게 응답하시는 아버지 되심을 한 번 더 알게 되었고 세이레 기도회에서 부르짖었던 기도의 제목들도 믿음으로 기다려본다.

봄 대심방이 시작되었다. 우리 구역도 심방 날자와 시간이 잡혔다. 구역의 구역장으로서 거룩한 부담을 가지고 기도로 준비하지 않으면 안 되는 그런 시간이 된 것이다.

우리 구역은 특별히 권사님 한 분 외에 모두가 저녁 늦게까지 직장생활하시는 관계로 주일에만 예배를 드리는 성도님들이시다. 주중에 모두 모여 대심방 예배드리기가 쉽지 않았다.

그래도 이 날 만큼은 담임목사님을 직접 가까이 뵙도록 하고 축복해 주시는 기도의 응답에 주인공들이 되기 위해서라도 시간을 좀 만들어 보시라고 나는 성가실 정도로 늦은 밤에 찾아가기도 하고 문자도 보내며 받아주지도 않는 전화를 했다.

어떤 한 분은 그날에 도저히 시간이 안 된다하여 오전에 일찍 다른 구역이 대심방 예배드릴 때 같이 예배를 드리기로 했다. 그런데 이분이 낯선 구역에 혼자는 가시기가 어렵다고 하셔서 나는 나의 일들을 미루어 놓고 같이 가기로 하고 약속한 장소에서 그 이른 아침에 기다리는데 이분이 오시지를 않는다. 전화를 드려도 받지 않으시고 한참 후에 사정이 생겨서 예배를 드릴 수가 없다고 문자가 왔다.

나는 그 순간 야속한 마음이 들어 정말 너무 하다고 속으로 소리를 질러대며 갑자기 바보같이 큰 길거리에서 눈물이 핑 돌았다. 그렇게 울음을 삼키며 사무실로 뛰어 왔다.

나는 새해부터 기다리던 대심방을 놓고 기도하며, 나의 대심방 기도제목을 준비하기 위하여 묵상하며 말씀을 읽었다.

이번에는 담임목사님이 어떤 말씀을 준비해 오셔서 내 영혼을 살찌워주실지 기대도 하며, 또 그날에는 지나가듯 스치는 목사님과의 대화도, 축복에 말씀과 축복 기도도 한마디도 잃지 않도록 정신을 똑바로 차리고 있어야지 하는 거룩한 욕심도 내고 있었다.

그날에 주실 축복기도와 은혜의 말씀을 모두 담을 수 있는 그릇이 되고자, 잘 심어질 수 있도록 며칠 동안 나의 마음 밭을 평안하게 고루기 위해 노력하였다. 그러한 엄마의 마음을 알지 못하는 기준이와 주영이 두 녀석은 유난히 감정을 상하게 했지만 주실 은혜를 기다리며 잘 참고 지나갔다.

목사님은 믿음이 없이는 하나님을 기쁘시게 할 수 없다는 말씀을 주셨고 우리 가정을 위하여 평범한 믿음 말고 "큰 믿음을 주옵소서. 또 다윗과 같은 믿음을 주옵소서."라고 기도해 주셨다.

참으로 감사하고 귀한 말씀과 축복해 주시는 기도가 이미 내 안에 바라는 것들로, 보여 지는 것들로, 이루어 주실 믿음으로 하나님의 은혜가 가슴이 벅차도록 내 맘에 가득했다.

봄 대심방도 이렇게 은혜롭게 지나갔다. 우리 구역식구들이 모두들 같이 참석하여 예배드렸으면 더욱 좋았을 것을 안타깝지만 맘처럼 함께 하지 못함이 속상했다. 그럼에도 또 한편으로는 이번 봄 대심방을 맞이하여 기대하고 사모하며 준비했던 기도제목을 묵상하며 깊은 은혜 속에 잠겨본다.

하나님의 영광이 가득한 가정이 되게 하소서!
하나님의 은혜가 풍년인 가정이 되게 하소서!
항상 기뻐하고 기도하며 범사에 감사하는 가정이 되게 하소서!

게슈탈트 루빈의 컵을 보아라

 행복아카데미 4학기에 열심이던 어느 날, 게슈탈트 심리학에 나오는 루빈의 컵을 보면서 많은 생각을 하게 되었다. 그리고 그것이 내 일상에 얼마나 큰 은혜인지 깨달으며 감사드렸다.
 이 그림에서 보여주는 그림은 두 가지이다. 처음엔 분명 컵만 보여지는데 자꾸만 보고 있으면 그림 아래에 두 소녀가 입맞춤하는 모습도 보인다.
 나의 삶의 시선이 어디에 초점을 맞추고 살아가느냐 하는 중요한 메시지가 담겨 있다. 컵에 초점을 두는 삶이 되느냐 아니면 두 소녀의 모습에 초점을 두는 삶이냐 하는 그런 그림이었다.

 우리가 살아가는 일상에서 자신의 희망과 목적으로 삼는 것들만 바라보며 살아갈 때에 예기치 못한 문제점들이 종종 발생하는 허다한 경우를 보아왔다.
 내 목적에 초점을 맞추고 살아가게 되면 문제점들이 크게 보이지 않고 목적을 이룸으로 또 문제들을 별 탈 없이 지나갈 수 있겠지만 문제에 초점을 두고 살아가게 되면 이 문제로 인해 목적을 이룰 수 없다는 아주 귀한 그림이 주는 메세지이다.

지금까지 살아오면서 나는 나도 모르게 힘든 여정 속에서도 하나님이 주신 은혜에 또 주실 은혜에 초점을 맞추는 삶을 살아왔다.

그러한 줄도 모르면서 그렇게 살아왔음이 참으로 하나님의 은혜임을 깨닫는다.

고단하고 힘들 때마다 불평이나 불만을 품기보다는 '이 또한 지나갈 것이다. 다 잘 될 거야. 괜찮을 거야.' 하는 기도를 맘속으로 외치며 그 외침대로 잘 지나왔음이 감사하다. 그리고 그러한 가운데 이제는 내 주변에 많은 어려웠던 것들이 평안하고 형통하여짐을 눈으로 본다.

이제는 하나님이 주신 그리고 주실 은혜 속에 살며 감사하는 마음과 겸손한 마음에 초점을 맞추는 삶도 배우게 되어 믿음에 풍성한 은혜의 수많은 삶을 누리고 나누는 삶이 될 것이니 얼마나 큰 은혜인가!

앞으로 나의 삶에 모든 일들이 만사형통이 되고 부귀영화를 누리게 되더라도 그때에도 교만하지 않고 자만하지 않고 끝까지 교회를 사랑하고 교회 일들을 위하여 쓰임 받을 수 있을 것이 얼마나 큰 하나님의 은혜인지 감사드리지 않을 수가 없다.

교회 설립 30주년의 해이다. 구역공과 나눔의 주제들로 인해 시간마다 나눔이 얼마나 은혜가 되는지 감사하다.

구역예배를 통하여서 우리 교회가 얼마나 좋은 교회인지 찾아보게 되고 또 다른 성도의 나눔을 통하여 더 많이 알게 되니 하나님이 기뻐하실 교회임을 자랑하고 싶어진다.

　타 교회에 비해 그렇게 오랜 역사는 아니다. 그럼에도 지금까지 늘 변함없이 예배중심과 영혼구원의 본질에서 벗어나지 않음이 나같이 연약하고 나약한 평범한 성도의 눈에도 보여 지고 느껴짐이 얼마나 기쁨이 되는지, 또 바른 믿음과 생활신앙인이 되고자 얼마나 도전이 되는지 감사하다.

　교회사무실의 나의 자리에서 매일 맡겨진 일들을 감당하면서 많은 성도들과의 대면은 참으로 많은 것을 배우기에 좋은 교실이다. 특히 담임목사님을 뵈면서 많은 것을 배운다.

　올 여름은 얼마나 무덥던지 폭염주의보가 뉴스에서 매일 들린다. 이 뜨거운 삼복더위에 그냥 앉아 있어도 땀이 줄줄 흐르고, 뜨거운 열기로 후끈한데 우리 교회에서 1시간 거리에 있는 아파트 입주가 시작이 되었다고 일 년에 한 번뿐인 황금 같은 휴가들을 반납하고 매일 시간을 정하고 팀을 나누어 아예 아파트 단지 한쪽에 천막을 치고 전도에만 올인하는 부목사님들과 성도님들의 모습을 본다.

　이분들은 모두가 하늘에 상급을 쌓아가는 목적이 있는 삶, 영혼구원 본질에 시선을 맞추고 살아내는 삶을 행동하는 분들이시다.

　그것을 눈으로 보면서 나는 솔직히 미안한 마음과 또 괜한 죄인이 되어버린 것 같은 기분도 든다. 사실 교회사무실 안은 쾌적하고 깨끗한 좋은 환경임을 잘 알기 때문이다. 모두가 뜨겁다고 아우성하는 이 여름에 사무실에는 에어컨이 켜져 있고 냉장고에는 시원한 생수가 있는 이 환경은 과분한 것임을 알기에 혼자만 편안하게 있다는 생각이 미안하고 죄인이 된 그 이유일 것이다.

우리 교회가 다양한 섬김을 통하여 교회를 알리고, 교회를 찾아오게 하고, 또 찾아나가 지역사회 속에서 봉사를 하는 목적은 단 한 가지 영혼구원에 있다.

예수님도 많은 기적을 행하시고 십자가에 달려 죽기까지의 사역은 이 땅에 영혼들을 구원하기 위한 한 가지 목적 때문이었음을 순간순간 생각해 내는 것도 감사할 일이다.

우리 교회가 한결같이, 변함없이 이러한 목적 가운데 본질에 충실한 교회임이 얼마나 가슴 벅차도록 자랑스럽고 자부심이 생겨지는지 감사하다.

게슈탈트 루빈의 컵이라는 그림을 또 바라보며 하나님의 자녀인 나는 성도로서 어디에 시선을 고정하고 하나님이 허락하신 삶을 살아내야 되는지, 어떻게 살아가는 일상이 그러한 삶이 될 수 있는지 떠올려본다. 평범한 성도가 괜한 마음만 또 앞서가나 싶다.

지금은 나의 자리와 위치에서 성실하게 임하고 늘 부족한 모습이지만 그럼에도 예배 중심으로 하나님을 의식하면서 기도하려는 삶이 되려고, 감사하는 삶이 되려고 애씀을 바라보며 평범하고 미숙한 신앙이 후에 성장하고 성숙하여 나의 믿음의 일상과 인격이 하나님을 경외하며 경건한 삶을 살아내는 훌륭한 신앙인이 되는 밑거름이 되어줄 것을 바라본다.

나의 믿음을…

2017년 12월 겨울, 신년부흥성회를 앞두고 웬일인지 내 마음이 설레이지 않는다. 다른 때와 같이 기도의 제목을 두고 은혜를 사모하는 심령이 되기 위해 마음밭을 고르면서 애씀이 있어야 되는데 스스로가 보아도 전혀 믿음의 모습이 보이지 않았다.

그럼에도 당일이 되니 나름으로 부흥회가 자주 있는 것도 아니고 은혜는 받아야겠다는 생각에 시간 시간 앉아 있었다. 역시나 방송장비들이며 방송 멘토처럼 들리는 것이 눈에 가시가 되어 불평할 명분을 잡기라도 하듯이 삐뚤어진 마음으로 한자리에 찌그러져 있었다. 그 불편한 마음이 여간 나의 영혼을 뒤 흔드는 것이 아니었다.

부흥회 내내 "내가 하는 말이 예언이 된다. 긍정하는 마음으로 말을 하라." 하셨는데, 그렇게 말에 중요함을 강조하셨는데도 나의 마음은 어리석게도 지금 이렇다.

꿈을 꾸었는가 싶다.

무엇이 그리 서러웠는지 바닥에 누워 눈물을 하염없이 흘리며 흐느끼는 나 자신을 발견하며 잠깐이지만 잃었던 정신을 찾아간다.

누군가 나의 어깨에 손을 얹고 기도를 하고 계신다. 잠시 후에는 내 손을 잡아 일으켜 주시기도 하는데 다리에 힘이 없음인지 일어나 걸을 수가 없었다. 눈이 마음처럼 떠지지 않아 누구인지도 모르면서 잡아준 손을 나는 꼭 붙잡을 수밖에 없었다.

"예수님? 당신이신가요? 내 어깨를 쓰다듬어 주시고 나를 위해 기도해 주시며 손을 잡아 일으켜 세워주시는 분이 예수님, 당신이신지요?"

가만히 눈을 뜨고 힘없이 가까운 의자에 가 앉아 보니 꿈을 꾼 것이 아니라 여전히 부흥회 자리였다.
'그래, 안수기도 받으러 나도 앞으로 나왔었지. 그랬구나.'

"아, 하나님 아버지!
뭐가 뭔지 아무것도 모르겠어요. 내 안에 내 속에 구석구석 지은 죄들로 인한 상처 딱정이가 아직도 보이고 또 아직도 내려놓지 못하는 사악한 마음들을 다 알고 계시기에 사실 안수기도 받을 자격이 안 된다는 마음에 나오지 못하고 미적거리며 자리에 앉아 있었는데요. 자식을 둔 엄마라서 그 새끼들을 위한다는 욕심으로 마음을 고쳐먹고 용기를 내어 나왔는데요, 이런 큰 은혜를 주셨습니다."

하나님 아버지는 왜 불평만 하는 나에게 이렇게 은혜를 주시는 것인지 또 솔직하지 못하고 맘에도 없는 아니 그러고 싶지 않은 생뚱맞은 기도만 왜 하는지, 눈물은 왜 그렇게 끝도 없이 서럽게 나는 것인지 참으로 분간하기 어려운 부흥회였다.

"하나님 아버지!
영광이 가득한 여자가 되게 하여 주소서. 남편을 통하여, 기준이와 주영이를 통하여, 영광이 가득한 여자가 되게 하여 주소서.
남편에 사업장이 성장되어지는 이야기를, 기준이에 삶을 찬양하며 감사하는 이야기를, 주영이에 사업장이 열어지는 이야기를, 이러한 것들을 위하여 새벽마다 주님 앞에 나아가 기도하던 이야기를 쓸 수 있기를 소원합니다."

나는 이렇게 내가 써 내려가고 싶은 이야기들을 먼저 세워놓고 기도를 하면서 글쓰기를 시작했다.

처음 "은혜가 풍년인 여자"를 펴내고 출판기념 감사예배를 드릴 때 담임목사님께서는 두 번째 책은 영광이 가득한 여자를 써 보라고 축복해 주셨고 나는 그 축복의 주인공이 꼭 되고 싶었다.

영광이 가득한 여자를 쓰기 위해서는 나 자신의 삶이 그러한 여자가 되어야 하는 데 그 당시 나의 형편은 하나님의 영광을 가리고도 남음이 현실이었다. 아무리 믿음으로 나에 의를 죽이려고 해도, 계속해서 벌어지는 일들은 부정적인 감정까지도 소통하기가 아깝고 싫을 정도로 힘이 드는 시간이었다.

그럼에도 담임목사님은 나의 형편과는 거리가 아주 먼 정 반대의 말씀으로 축복을 해 주셨고 나는 어떻게 해서든지 그 축복을 꼭 받아 누리고 싶었다.

그 당시 남편은 누나를 도와 하던 사업이 계속해서 적자만 쌓여가던 현실을 이기지 못하고 정리를 했다. 정말 너무도 초라하고 볼품없이 사업장 문을 닫아 놓고는 나에게 그러한 사실 아니 현실을 말도 못하고 염치가 없다고 생각하여 집으로 올라오지도 못하고 그 곳에 모텔 방 하나를 잡아놓고는 근근이 하루하루 힘없는 일상을 마지못해 살아내야 하는 처지가 되었음을 나중에 알았다.

그리고 나의 사랑하는 아들, 그 얼굴만 떠올려도 어느새 나의 얼굴은 화사해진다는 놀림도 많이 듣던 나의 아들은 2년 넘게 공들여 열심히 공부하고 레슨 받아온 실용음악학과를 포기하고 다른 학과로 바꾸어놓고는 혼자서 대학입시를 준비하고 있었다. 3학년이 되어 몇 달이 지난 후에야 그러함을 죄송하다 고백하며 영어와 수학 과외를 시켜주기를 요구했다. 실용음악학과를 처음부터 반대하던 나였지만 막상 그 소리를 들으니 답답했다.
이제 대학입시를 일 년도 남겨 놓지 않은 상황에서 어찌 공부를 해 나갈지 정말이지 막막하기만 했다. 아무리 하나님께 기도하는 나의 일상들이었지만 이건 해도 해도 너무들 한다는 야속한 생각만 들었다.
세상의 모든 부모의 마음이 아니 엄마의 마음이 다 그러한가 보다. 당장 먹고 살기 급급한 남편의 일보다는, 오히려 아들의 앞날이 불안하여서 엄마 된 마음은 한동안 정말 새까맣게 타들어갔다.

나의 아들을 생각하며 무릎 꿇고 앉아 조용히 하나님 아버지를 부르니 나는 말도 못하고 한없이 눈물만이 흐른다. 이제야 간절한 아버지의 마음이 헤아려진다.

"하나님 아버지!

제가 낳은 자식이 저의 속을 태우고 저의 마음을 몰라주고, 얼마나 노심초사 걱정하게 하는지, 저도 이렇게 하나님 아버지의 마음을 태우며 속 썩이며 그렇게도 싫어하셨을 악인에 모습으로 악인의 자리를 떨쳐내지 못하고 살아왔음을 인정하며 고백합니다. 이제라도 염치없지만 용서를 구합니다. 아버지 잘못했습니다.

아버지의 아들을 기억하여 주소서. 하나님의 은혜가 아니면 어느 대학인들 들어갈 수가 있겠습니까? 가고자 하는 학교가 있고 배우고 싶은 학과가 있는데 갈 수 있는 실력을 준비하지 못하고 이제야 아끼지 않고 보내온 시간을 안타까워하며 남은 시간 열심을 다하고 있습니다. 염치없지만 대학교육 배움의 은혜를 허락하소서. 새롭게 배워 새로운 삶으로 거듭나게 하소서. 능력 있고 실력 있는 아들로 인도하셔서 아버지의 나라 일들을 위하여, 대를 이어 더욱 믿음의 삶을 살아낼 수 있는 아들이 되길 기도합니다. 이 또한 저의 욕심임을 잘 알지만 이렇게라도 아버지께 매달리며 기도합니다. 흉악한 귀신들린 딸을 위하여 개 취급을 받으면서도 예수님께 간구하던 가나안 여자의 마음이 저의 마음이고 믿음임을 주님 긍휼히 여겨 주시기를 기도합니다."

당시 이렇게 밖에 기도할 수 없는 나의 형편을 하나씩 떠올려 보면 하나님께 영광이 가득한 여자라는 소리로 올려드릴 것이 아무리 눈을 크게 뜨고 우겨서라도 말할 것이 아무것도 없었던 현실이었다.

"하나님 아버지!
제가 아버지께 무엇을 구해야 되나요? 제가 아버지께 구할 것이 무엇인지도 모르겠어요. 그것을 먼저 찾아내길 원해요. 그리고 그것을 위하여 죽기를 각오하고 불의한 재판장에게 끊임없이 구했던 여인처럼 부르짖어 기도하기를 원해요. 그러한 제가 되어질 수 있도록 도와주세요. 지금에 현실은 이렇지만 남편을 통하여 기준이와 주영이를 통하여 영광이 가득한 여자가 되도록, 참으로 나와 함께하시는 하나님을 자랑하며 더욱 겸손해질 수 있도록 저를 좀 도와주세요."

사랑스러운 몸 된 교회를 만나고 지금까지도 앞으로도 한결 같이 믿고 존경하며 따를 수 있는 목자 되신 나의 담임목사님을 만난 것은 내 생애에 가장 큰 축복 중에 축복이다.
담임목사님이 처음 출판예배를 드릴 때에 두 번째는 '영광이 가득한 여자'를 써보라고 축복해 주셔서 나는 "하나님께 영광이 가득한 삶이 먼저 되어 그 책을 꼭 써볼 수 있도록 도와주소서."라고 기도하게 되었다. 시간이 지날수록 그 삶이 얼마나 큰 축복에 메시지

였는지 이제는 깨닫는다.

　처음엔 영광이 가득한 여자가 되려면 어찌해야 되나 고민하며 찾아보게 되었으며, 그러한 여자가 되기 위하여 새롭게 무엇인가 배움의 문을 두드려야 되는지 생각이 많았으며, 그렇게 영광이 가득한 여자가 되기 위하여 무엇을 구해야 되는지 구할 바를 알지 못하여 한동안 답답한 마음이어야 했다.

　그러다가 새벽기도 시간에 기도 외에는 다른 방법이 없음을 깨닫고, 그 말씀대로 기도하기 시작했다. 기도에 분량이 더할수록 처음엔 막연하기만 했던 제목에 글들이 한 줄 한 줄 쓰여 지고, 한 장 한 장 원고가 더해갔다. 이렇게 간증할 수 있는 삶이 시작되어짐에 감사드린다. 할렐루야~~

우리가 생각하는 것처럼

우리가
살아내는 삶은
생각하기엔
늘 수렁 속의 갇혀있는 삶으로
착각 할 때도 많다

그래서
혼자서만 애쓰면서
살아내는 삶으로도 착각을 하고
그런 맘으로 때론 괜한 심술을 내봄도 사실이다

우리가 살아내는 삶은
우리가 생각하는 것처럼
힘들고 고단함만 있는 것은 사실 아닌데 말이다.

너무 일찍 잃어버리는
너무 일찍 적응이 되고 익숙해져 버리는
달고 시원한 우물가에서에 삶을 살고 있음을
당연하듯 언제나 내것이듯 착각을 해봄도 사실인가보다

그래서

조금만 애쓰면

조금만 손해보고 고단해지면

수렁 속의 갇혀 있는 삶이라고 착각을 하나보다

(김명란 시집 중에서)

나를 축복하시는 하나님

2

힘내라 이쁜 딸!!

"엄마! 너무 떨려."

현관에서 신발을 신으며 가슴을 쓸어내리는 이쁜 딸 주영이의 말이다. 오늘은 고등학교에 첫 등교하는 날이면서 입학하는 날이기도 하다. 이미 예비소집일이 있었고 반편성이 되어 있는 상태이다. 친한 친구는 고사하고 아는 친구가 하나도 없다면서 걱정을 태산같이 하고 있다.

"이제부터 또 좋은 친구 사귀면 되지. 괜한 걱정 앞서서 하지 말고 어서 학교에 가."

하고 토닥여 주면서 등을 떠밀었다.

교회생활에서도 고등부서 예배도 성실하게 드리면서 또 유년부 주일학교 부서에서 보조교사로 제법 열심히 감당함이 대견하기도 하다. 자존감도 또 자아상도 건강해 보이는 것이 제법 당당하고 적극적인 생활이 볼수록 감사하다.

"교사는 아이들 앞에서 항상 적극적이고 자신감 있게 말하고 행동해야 해. 특히나 기도하는 모습, 예배드리는 모습은 항상 바르게 해야 됨을 잊으면 안 돼. 그 많고 많은 아이들 가운데 한 명이라도 너를 보며 배워가는 아이가 있을 것을 잊지 말아야 하고, 그 아이 한 명을 위해서라도 너는 바른 모습으로 기도하고 예배에 집중해야 됨을 잊지 않기를 바래. 그게 교사야. 엄마 바람은 무슨 일이든 시작을 했으면 끝까지 제대로 해내기를 바란다. 아니면 아예 하지 말고."
"알았어. 잘 할게."

아마도 엄마의 잔소리가 또 길어졌나 보다. 대화를 마무리하고 싶어 하는 착한 딸이다.

주영이를 임신하기 몇 달 전에 남편과 상의해서 나는 남다른 목적이 있어서가 아니라 막연히 신학을 공부하고자 했었다. 그러한 준비과정에서 임신 사실을 알았고, 그로 인해 공부를 계속해야 되는지 고민을 안 할 수가 없었으며 무엇보다도 처음부터 달갑지 않아 했던 남편이 반대를 많이 했다.

'그래, 이것은 하나님의 뜻이 아닌 거야.' 하면서 별 어려움 없이 공부하고자 하는 뜻을 내려놓고 두 아이의 엄마로서만 잘 살아야겠다는 결론을 내렸다. 사실 둘째 아이를 기다리는 마음이 전혀 없었고 오히려 하고자 하는 뜻을 접게 한 속상한 마음이 아주 없진 않았다.

별 탈 없이 엄마 뱃속에서 열 달을 잘 살아주나 싶더니 급기야 출산 몇 주를 앞두고 응급실을 찾아 수술을 해야 하는 일이 벌어졌다. 나는 벌거벗은 몸으로 수술대 위에서 가슴부터 배 전체에 소독약을 들이 붓 듯 바른 상태로 이른 봄 3월 그 깊은 밤 새벽 2시에 한기를 이기지 못하고 오돌오돌 떨며 혼자 마취과 의사선생님을 기다렸던 시간은 기억하면 할수록 수치심이 일었고 두려움이었다.

우리 주영이는 아주 작은 아기였다. 몇 그램 때문에 인큐베이터에 들어가지 않아도 되는 정확하게 고만한 체중에 아기였다. 여린 개나리 나무처럼 목욕을 시킬 때도 조심스러웠고, 품에 안고 잠을 자다가도 괜한 걱정으로 한쪽 옆에다 따로 재우기도 했다. 그렇게 약하고 작았다.

그런 아이가 조금 자라 말을 해야 될 때가 한참을 지났는데도 웬일인지 말을 하지 못했다. 엄마가 말을 시켜도 반응이 없고 또 느렸다. 이로 인해 네 살이 되기까지 얼마나 순간순간 나의 속을 새까맣게 태우며 눈물을 흘리게 했는지 모른다. 그때까지만 해도 병원에 가봐야 한다는 생각은 안했고 고작해야 가까운 이비인후과에 가서 상담을 하고 아무 이상이 없다는 소리와 좀 더 자라기를 기다려보자는 말만 믿고 있던 엄마였다.

네 살이 되면서 이른 감이 있었지만 집에서 가까운 어린이집에 보내보기로 결정을 하고 가기 싫어하는 아이와 아침마다 씨름하며 잘 적응하기를 기다리면서 한 달간 보냈다.

어느 날, 등원한지 얼마 되지 않아 선생님한테 전화가 와서 달려가보니 한쪽 얼굴이 시퍼렇고 눈이 정말이지 새 깜했다. 이미 병원에 다녀온 후이고 다행히 보기와는 다르게 크게 다치지는 않았다고 한다. 그래도 나는 다시 주영이를 안고 병원을 찾아가 검진을 하고 정말 아무 이상이 없음을 확인을 해야만 했었다.

또래 아이들과 상호작용이 안 되고 급기야 한 대 제대로 얻어맞은 것이 하필 눈이었던 것이다. 나는 곧바로 주영이 물건을 모두 챙겨 와서는 다시는 그 원에 보내지 않았다.

집에 데리고 있으면서 학습지를 시작했다. 학습보다는 뭔가를 해주고 싶었음이 솔직한 고백이다.

놀라운 것은 진도가 신기할 정도로 빨랐다. 가르치는 선생님이 당황스러워할 만큼 놀라웠다. 학습을 시작한 그 해에 오빠와 같이 모든 책을 읽어 낼 수 있었고 이미 시작하고 있던 수학과 한문도 제법이었다.

이듬해 오빠가 다니는 유치원으로 입학을 시켰다. 그런데 제법 잘할 줄 알았는데 일 년 내내 선생님에 근심어린 소리를 자주 들어야만 했다.

"어머니, 주영이가 좀 이상해요. 하루 종일 창밖만 멍하니 내다보기만 해요."

"어머니, 오늘도 주영이가 한 영역에서 하루 종일 혼자서만 활동을 해요."

"어머니, 주영이는 친구들하고 도무지 어울리려고 하지 않아요."

가정환경에 무슨 일이 있는 것이 아니냐며 걱정에 소리를 들어야 했다.

주영이로 인해 나는 기도할때마다 정말 많이 울었다. 엄마 눈에도 예쁘고 귀여운 모습은 한 군데도 없어 보이고, 바람이 불면 날아갈 것만 같은 그런 가녀리고 작은 아이였다. 이제는 엄마인 나도 내 딸이 '조금 다른 아이인가 보다!'라는 생각을 한 번씩 하게 되었고 그럴 때마다 정말 하나님 앞에서 얼마나 목 놓아 울며 기도했는지 모른다. 그러면서 조금 다른 아이임을 인정하고 받아들여야지 하는 마음에 준비도 아마 되어진 것 같다.

"하나님 아버지!
아버지 눈에 가장 아름다운 여자가 되게 하여 주셔서
최고로 아름다운 삶을 사는 여자가 되게 하여 주소서."

그렇게 주영이도 엄마도 또 유치원 선생님도 힘들어 했을 일 년을 보냈다. 그 겨울에 두 아이가 겨울 방학을 맞이하여 대학병원에 가서 종합검진을 하게 되었다. 큰아이 기준이는 건강하고 아무 문제가 없었는데 우리 주영이는 그게 아니었다. 청력에 문제가 있었다. 원인이 무엇인지는 알 수 없지만 정상에서 반도 못 미치는 레시벨 수치라고 하면서 지금까지 일상에서 정상에 소리를 듣지 못했을 것이라고 했다.

나는 너무 놀라고 또 그렇게 지내온 주영이가 가엾어서 한참을 울었다. 그리고 한편으로는 그렇게 혼자서 가슴앓이 해온 조금 다른 아이라는 큰 걱정에서 벗어남이 많이 감사했다.

　선생님은 보청기보다는 신경이 살아날 수 있도록 소리를 들으려고 애쓰는 방법을 권면해 주셨다. 자라가면서 힘들고 많이 불편하겠지만 성장 후에 보청기를 해도 늦지 않을 것이라는 의견이었다.

　남편과 나는 많은 생각 끝에 그 방법을 택하기로 했다. 큰 대학 병원에서 두 번 정도 시술을 하고 정기적으로 검진을 받으며 지금까지 힘들고 불편함 가운데서도 잘 자라옴이 지내놓고 보니 참으로 감사하다.

　좀 다른 아이, 좀 부족한 자녀를 키우는 것은 세상에서 가장, 아니 제일 힘이 드는 것이 아닐까 싶다.

　소리를 잘 듣지 못함으로 인해 어릴 때는 상호작용이 부족하니 자신의 뜻을 표현하기보다는 말없이 고집을 부려 엄마 속을 뒤 짚어 놓는 얌전한 고집불통이었고, 조금 더 자라서는 정서적인 교류까지 소통이 부족해서일까 엄마 마음은 그게 아닌데 괜한 마음으로 섭섭해 하고 시무룩해 하는 모습도 참으로 보기에 속이 상했다. 또 행여 함께 외출이라도 하고 친척들을 만나기라도 하면 주영이의 반응 없는 모습을 보고 엄마인 나를 바라보는 그 시선도 얼마나 힘이 들었는지…

　의사 선생님의 말씀대로 힘들 것이라는 것을 알고 있었기에 일상에서 그러려니 하면서도 또 주영이의 형편을 이해하면서도 그렇게 속이 상할 때가 정말 무수히 많았다. 가정 안에서도 또 학교생활에서도 속을 태우는 일들이 많았다. 주영이 입장에서는 '우리 엄마는 왜 맨날 소리만 지를까!', '우리 엄마는 왜 신경질만 부릴까!' 생각할 수 있었을 것이다. 다정한 소리로 엄마인 나는 몇 번을 부르다가도 대답이 없고 반응이 없으면 조심한다고 하면서도 어느새 목소리가 커지고 얼굴빛이 일그러졌나보다.

나름으로 서로에게 상처가 많아서일까. 이쁜 딸 주영이도 또 엄마도 눈물이 참으로 많다. 초등학교를 졸업하고 중학생이 되어서부터는 엄마는 안방에서 주영이는 제방에서 울던 날이 많았다. 그럼에도 우리 모녀는 서로를 이해하고 사랑하는 마음이 많아서일까 서로를 위하는 마음이 남다름도 사실이다.

부족한 만큼 더욱 간절한 사랑의 마음으로 기도를 하며 주영이를 키워왔고, 주영이도 또래에 비해서 일찍 하나님을 바라보며 진실 되게 기도하는 삶인 것이 감사하다. 그것이 얼마나 소중하고 감사함인지 이제야 고백한다.

"하나님 아버지!
이쁜 딸 주영이를 위하여 기도합니다. 세상에 소리는 다 듣지 못하여도 하나님의 작은 음성과 세밀한 음성까지도 다 듣고 순종하며 살아가는 삶이 되게 하소서. 그리고 가장 아름답고 착한 마음으로 지혜롭게 주님의 사람들을 위하는 삶되게 하소서. 또 주님과 주님의 사람들에게 항상 쓰임 받고 사랑받는 존귀하고 소중한 삶을 살게 하소서."

꿈꾸는 이쁜 딸

하나님 아버지는 주영에게서 잠시도 눈을 떼지 않으시고 동행하고 계심을 이제야 조금씩 깨달으며 알아간다.

2016년 새해가 되면서 부흥회를 통하여 순수한 나의 믿음이 또 요동한다. 강사 목사님은 우리 교회 성도 가운데에 물권에 복을 크게 받을 사람이 세 명이 있을 것이라고 축복해 주셨다.

"할렐루야! 하나님, 우리 주영이도 그 중에 한 명이 되게 하소서."

나는 소리 지르듯 믿음으로 받아 듣고 마음속으로 기도했다. 몸된 성전의 강단을 통하여 주시는 말씀의 축복이며, 아버지의 음성임을 믿음으로 축복의 말씀을 꼭 붙잡았다. 그리고 그 말씀이 우리 주영이의 것이 되어 주님의 기쁨이요, 주님의 선한 뜻을 이루는 도구되어지는 삶이되어지길 바랐다.

이 말씀을 들으려고, 이 기도제목을 주시려고 요 며칠 뭔지 모를 답답함이 있었나보다. 이제야 그것을 찾은 듯이 나는 속이 시원하고 나의 영혼에 새벽 공기를 채우듯 상쾌하고 또 상쾌하다. 이제부터는 그것을 위하여 기도하는 엄마가 되어야 한다.

주영이와는 친구처럼 여러 모양의 대화를 나누는 것이 어려서부터 잘 훈련이 되어서일까 대화의 폭이 한없이 넓고 깊다. 예전에 의사 선생님의 말씀대로 우리 주영이의 신경이 많이, 아주 많이 살아나서 일상생활에 전혀 불편함이 없고 굳이 보청기를 착용해야 할 이유도 없어졌다. 그럼에도 연약함을 부인하지 못하는 것이 사실이고 현실이다.

그렇기에 엄마 마음은 남다른 실력과 능력을 조금 더 갖추어 직장생활을 하기보다는 혼자 할 수 있는 일을 찾았음 하는 마음이고 사실 그것을 위해 많은 이야기를 나누어 왔고 주영이도 그러고 싶다고 했다. 이를 위하여 지금까지 제법 열심히 공부하면서 꿈을 꾸는 성실한 학생으로 자라왔다.

그런데 몇 주 전에는 구체적으로 무엇을 어떻게 할지에 대해서 나누었는데 부흥회 강사 목사님은 우리의 대화를 다 들고 보신 듯 이렇게 뜻밖에 비전과 축복을 주시는 것이다.

오늘도 주영이와 엄마가 각각 채워야 할 분량에 대해 나누면서 우리 모녀는 이왕이면 큰 꿈을 꾸며 남다르게 노력해 보자고 하며 파이팅을 외쳤다.

우리 이쁜 딸이 태어나 일찍부터 글을 읽고 쓰기 시작하면서 딸에게 이토록 편지를 많이 받아본 엄마도 흔치 않을 것이라 본다. 중학교에 들어가서부터는 제법 진지하게 고맙다는 말, 사랑한다는 말로 모자란 엄마의 마음에 감동을 줬던 정말 이쁜 딸이다.

고등학교 1학년 때였나 보다. 어버이날을 맞이하여 제법 진심을 담아 "다음 생애에도 무조건 김명란 딸로 태어나겠다."고 편지를 썼던 것을 생각하면 처음 읽을 당시는 이 말이 갑자기 웃음도 나오고 재미있는 표현이라고 했는데 반복해서 읽어볼수록 두고두고 감사하고 흐뭇해진다.

자식을 키우다 보면 섭섭하고 화가 나는 일이 사실 얼마나 많은가. 그럴 때마다 이 글을 생각해내면 다시금 마음이 평안해지고 걱정도 근심도 사라졌다.

요즘에는 아이들이 아는 것도 많고 보고 배우는 지식이 풍부한 환경인 것에 놀랄 때가 많다. 굳이 부모가 나서서 이렇고 저렇고 가르치지 않아도 자녀가 부모보다 더 많은 지식을 갖고 있다는 것을 솔직히 고백한다. 그렇기 때문에 나는 배움에 목적과 또 그것을 위한 동기부여 되는 대화만 나누려고 애쓰는 편이다.

어느새 15차 특별새벽기도회가 찾아왔다. 이번에는 웬일인지 이쁜 딸 주영이가 기도하러 앞으로 걸어 나가 강대상으로 올라가 목사님 뒤에서 기도하는 모습을 본다. 엄마 된 마음에서일까 가슴이 뭉클해진다.

학교에 다니면서 새벽기도가 여간 어려울 텐데 새벽 4시가 되면 어김없이 일어나 준비한다. 교회에 가서 기도하고 집으로 돌아와 바로 학교 갈 준비하는 모습을 보면 대견하고 감사하면서도 이번에는 뭔가 특별한 기도제목이 있지 싶다.

"주영아! 기도제목 있으면 말해줘 엄마도 같이 중보 기도할게."

그래도 딸은 괜찮다고만 해 엄마인 나는 자꾸만 궁금해진다.

"하나님 아버지가 너를 통해 하시고자 하는 일이 있으실 거야. 열심히 공부하고 바른 믿음의 삶으로 너의 마음에 품고 있는 사명 위하여 최선을 다해 살아내길 바래. 나 하나 잘 먹고 잘 살기보다는 평범하지 않은 큰일들을 위하여 공부하고 기도하면 분명 너를 통하여 하나님은 하나님의 뜻을 이루실거야. 엄마도 늘 너를 위하여 축복하며 기도할게."

엄마에 욕심이었을지 모르지만 이쁜 딸은 잠잠히 귀 기울여 듣는 모습이 벌써 그러한 삶으로 하나님 아버지께 영광이라도 돌린 듯해 가슴이 벅차오른다.

"하나님 아버지!
감사합니다. 가장 연약하고 부족한 사람을 택하여 크고 귀한 꿈을 주셨습니다. 앞으로 어느 모양으로도 악한 것들이 역사하지 못하도록 일평생 지켜주시고 보호하셔서 오직 믿음으로 하나님 아버지가 기뻐하실 일들에 힘을 다해 섬기는 보배롭고 신실한 주의 딸로 세워주소서."

집사님! 두 번째 책도 쓰세요

    2014년 가을 예수 사랑 새 생명 대축제는 다른 해와는 달리 참으로 뜨거웠고 열정적이었다. 다니던 직장을 내려놓고 전도에 올인하는 사례들이 많았다.

    교회 전체가 이러한 분위기로 있어질 때에 한 집사님이 웬일인지 개인전도지 제작에 대해서 물어오셨고 나는 직접 디자인을 해드릴 수 있는 기회가 생겼다. 나 또한 성도로서 전도하고자 하는 열정은 많았지만 마음뿐임이 하나님께 죄송해서 전도지를 디자인함에 있어 마음을 다하여 애착을 가지고 만들게 되었으며 나중에는 더 욕심이 나서 이 전도지 값을 감당하고 싶은, 솔직히 그렇게라도 해서 전도에 참여하고 싶은 마음이 간절해졌다.

    그 집사님에게 그러함을 말씀을 드리며 "앞으로 집사님은 전도만 열심히 하십시오. 집사님의 전도지는 계속해서 제가 부담하겠습니다."라고 했다. 대화를 나누며 우리 서로는 감격하고 감동하여 눈물을 흘리기도 했다.

    그리고 사실 기도할때마다 이 집사님의 전도 사역을 위해 가정과 사업장이 평안하고 형통하여 전도에 큰 힘이 되어주기를 바라는 기도를 안 할 수가 없었다.

나라는 사람은 수천 장이 되는 전도지 값을 갑자기 지불할 수 있는 그런 여유가 있는 사람은 아니다. 전도지 디자인을 마무리하고 집사님은 모르는 가운데 인쇄사에 외상으로 해줄 것을 사정했다. 두 달 후에 갚겠다는 약속을 하고 일주일 후 인쇄된 전도지를 받아 들고서는 혼자서 얼마나 감격했는지 모른다.

정확히 두 달 후에 상여금을 받아 거기에 돈을 더 많이 보태어 전도지 값을 지불하고 그러면서 내가 지금껏 한 일 중에 제일 잘한 일임을 감사드렸다. 그리고 그러함을 빨리 잊어버리려 했고 또 잊고 살아왔다.

2015년 가을 어느 날, 그 집사님이 사무실에 찾아 오셔서는 그 전도지가 지금 새로운 지역에서 전도를 하는데 얼마나 유용하게 사용이 되는지 감사하다고 전해주셨다. 나도 고백을 했다.

"집사님! 하나님의 은혜가 제게 얼마나 큰지 모르겠습니다. 저는 올 한해가 정말 얼마나 행복했는지 모릅니다."

"은혜가 풍년인 여자"를 출판하게 되었다는 사연을 말씀 드렸더니 또 감격을 하신다.

마음을 다하고 최선을 다한 전도지 헌물을 받으신 하나님은 축복해 주지 않고는 견딜 수가 없으셨나보다. 이렇게 글을 쓸 수 있도록 은혜를 주셨고, 백만 원도 안 되는 헌신으로 인해 작정한 건축헌금을 드릴 수 있는 믿음과 방법을 허락해 주셨음에도 감사드린다.

"은혜가 풍년인 여자"는 3~4시간이면 다 읽어낼 수 있는 어려운 글이 아니다. 요즘은 세상에 나가면 성형 수술하듯이 하나같이 모두가 잘 쓴 글들이 얼마나 많은지 모른다.

처음부터 솔직하게 나는 소박한 사람이며 그런 성도가 쓴 글답게 좀 부족한 부분이 있더라도 편집은 조금도 원하지 않음을 밝혔고 그래서 이 책이 읽혀질 때에 소박한 성도들이 같이 공감하고 감동할 수 있는 글이 되기를 분명히 했다.

"은혜가 풍년인 여자"라는 제목에 원고를 처음 읽어보시고는 뜻밖에도 글이 깨끗하고 솔직하며 참으로 예쁘다는 평을 해 주시면서 "한번 출판해봅시다." 하시며 지금부터 기도 빡세게 하시라고 격려도 해 주셨다.

담임목사님께서는 성공해서 잘 사는 이야기가 아니라 순간순간마다 하나님이 함께 하심을 믿고 살아온 이야기는 간접적으로도 믿지 않는 사람들에게 하나님을 드러내는 글이라며 또 평범한 성도가 이렇게 훌륭한 글을 쓸 수 있음에 힘을 주었고 또 앞으로도 이러한 글들을 많이 써서 믿음에 좋은 영향을 줄 수 있기를 바라신다는 격려의 메시지도 주셨다.

담임목사님 말씀대로 심은 대로 거두는 삶을 체험하며 귀한 것을 심어 귀한 것을 거두고, 소중한 것을 심어 소중한 것을 거두어 본다. 할렐루야~~

2015년 10월 마지막 날 이 땅에 태어나 처음으로 담임목사님을 모시고 몸 된 교회에서 출판예배를 드렸다.

　지금껏 시를 좋아해서 많이 읽고 써오던 터라 이미 써 놓은 여러 권에 시집을 출판하고 싶은 욕심이 많이 있었다. 그런데 이렇게 갑자기 계획에도 없던 신앙 간증인 "은혜가 풍년인 여자"를 서너 달 만에 써서 내놓을 줄은 몰랐다.

　"은혜가 풍년인 여자"를 통하여 나의 마음 밭을 세상에 알리고 또 표현하고자 하는 글들 속에서 더 수월한 공감대를 가지고 편하게 시집을 접할 수 있도록 아버지가 도우셨다는 마음이 들면서 이 또한 하나님의 은혜로 감사기도를 드릴 수 있었다.

　여러 모양으로 교회에서 아는 분들이 참으로 많았지만 혹여라도 출판예배 후에 작은 시험거리라도 될까 싶어 현재 소속되어 있는 분들만을 선별하여 초청을 하는 배려도 잊지 않았다.

　그런데 오히려 초청을 한 부목사님들과 전도사님들은 웬일인지 이러저러한 모양으로 동석을 못하고 오히려 초청도 하지 않은 많은 사랑하는 집사님들이 소식을 듣고는 찾아와 주는 이상한 풍경이 나타났다.

　오시지 못하는 나름의 이유들이 있었을 것을 헤아려 보지만 그럼에도 섭섭한 마음과 또 초청하고 싶지 않아서가 아니라 나름의 다른 생각이 있어서 초청하지 못했던 미안한 마음 그리고 그럼에도 찾아와 줘서 자리를 빛내준 고마운 마음이 내 가슴속에서 뒤섞여졌다.

풍선아트에 솜씨가 좋은 지금은 교육전도사님으로 훌륭하게 사역하고 계시는 당시 오은혜 집사님께 예배장소를 아주 멋지게 꾸며 달라고 정중히 부탁을 드렸는데 바쁘신 가운데에서도 출판예배를 놀라워하시며 함께 기뻐해 주시면서 기꺼이 부탁을 수락해 주셨다. 정말이지 나중에 출판예배 장소로 가보고는 어느 유명한 호텔보다도 더욱 근사한 모습에 깜짝 놀랐다.

우리 집사님에 사랑과 정성의 손길이 입구부터 구석구석 느껴져 참으로 감사했다.

또 참석해주신 모든 분들에게 식사를 대접해 드리고 싶어서 우리 교회 만나부 부장님에게 출판예배 말씀을 드리며 사정 말씀을 드려 근사한 메뉴로 준비해 달라고 부탁을 드렸다.

출판예배를 모두 드리고 나서 준비해 주신 메뉴와 음식 맛을 보고는 또 한 번 놀랐다. 뷔페식으로 셋팅을 세련되게 해 주셨으며 너무나 근사한 훌륭한 일품요리들로 준비를 해주셨다.

참석한 모든 분들에게 즐거운 식사 시간이 되고 더욱 예배를 빛나게 해 주심에 참으로 감사를 드렸다.

우리 교회에서 이렇게 정식으로 책을 출판을 하고 예배를 드리는 것은 처음이라고 담임목사님도 기뻐해 주셔서 참으로 감사했던 날이다. 다음 출판할 책은 영광이 가득 가득한, 영광이 풍년인 여자가 되어 그러한 간증을 또 써보라고 꿈을 주시고 축복해 주심이 더욱 감사했다.

담임목사님의 따뜻하고 힘이 되는 격려의 한 말씀 한 말씀과 또 찬양을 드릴 때는 감동을 이기지 못하고 그만 눈물을 흘리고 마는 너무 행복한 날이었다.

　멀리 사는 형부와 언니는 보내준 책을 읽으면서 참 많이 울었다고 그러면서 우리 집안에 자랑이라면서 지금껏 받은 귀하고 소중한 하나님의 은혜를 잊지 말고 앞으로도 더 많은 하나님의 은혜들을 받아 누리면서 그것을 세상에 많이 내어놓으라고 축복해 주셨다.
　오빠와 새언니도 출판예배를 드리기 위하여 또 동생에 첫 출판기념을 축하해 주기 위하여 커다란 꽃다발을 들고 쑥스러워하며 우리 교회를 찾아와 주셨다.
　그렇게 전도하려고 애쓰며 기도해 왔는데 결국은 이렇게 동생 출판예배를 드림으로 몸 된 교회에 첫발걸음을 옮겨 놨다. 예배를 드리는 내내 동생의 뜨거운 눈물을 보며 같이 감격하고 감동하며 가슴속에 흐르는 눈물을 삼켜줬음을 모르지 않는다.

　그 누구보다도 가슴에 품고 기도하던 태신자들을 초청할 수 있어서 너무 감사했다. 모두들 바쁜 가운데에서도 축하해 주기 위해서 꽃다발도 들고 또 축의금도 들고 찾아와 주었다. 나는 자랑스럽게 목사님께 태신자가 오셔서 너무 기쁘다고 말할 수 있었으며 목사님도 참으로 반가워하며 기뻐해 주셨다.
　이 지역의 수많은 교회들 중에 사랑스러운 몸 된 교회를 만나고 마음을 다하여 존경할 수 있는 담임목사님을 만난 것이 얼마나 큰 축복 중에 축복인지 많은 축하객들 앞에 고백할 수 있어 너무나 감사한 날이었다.

주님의 뜻을 이루소서
고요한 중에 기다리니
진흙과 같은 날 빚으사
주님과 함께 동행함을
만민이 알게 하옵소서

이 찬양 가사가 나의 가슴속에서 벅차올라 큰 감격과 감동을 이길 수 없었다. 보잘 것 없고 볼품없는 내가 어찌 하나님에 뜻을 이룰 수가 있겠으며, 또 주님과 동행하는 삶을 어떻게 세상에 많은 사람이 알게 할 수 있단 말인가.

그러나 나는 이 가사가 내 마음에 들어와 벌써부터 기도 제목이 되고 그러한 삶이 될 것을 감사하여서인가 감동을 이기지 못하고 부끄림도 잊고 계속해서 눈물이 흐른다.

진흙 같은 나를 아니 그보다도 더욱 형편없는 나를 아름다운 마음과 모습으로 빚어 주셔서 지금은 감히 계획도 할 수 없고 그림도 그려지지 않는 모습이지만 기도의 분량을 채우고 믿음의 분량을 채우고 여러 모양의 분량들을 채우고 나면 나의 아버지, 나의 하나님은 감히 상상할 수도 없었던 방법들을 동원하셔서 하나님이 나와 함께 하심을 많은 사람들에게 자랑하고 고백하는, 또 하나님을 향하여 나의 입술에서 울려 퍼지는 찬양과 감사기도를 받으실 것을 나는 믿음으로 바라본다.

믿음은 바라는 것들에 실상이요 보이지 않는 것들에 증거라는 성경말씀이 살아서 춤이라도 추듯이 그렇게 선명하게 떠오른다.

"하나님 아버지!
내가 살아 있는 동안 하나님을 믿음으로
나의 바라는 것들이 이렇게 끝이 없게 하셔서
나의 삶이 하나님을 증거 하는 인생 되기를 예수님의 이름으로
기도합니다."

집사님은 나보다 더하십니다

　주일날은 교회 사무실에서 복사를 하지 않는 것을 많은 성도님들이 이미 알고 계신다. 부득이 주일날에 해야 되는 인쇄물이면 당연히 해야 하지만 예배에 필요한 자료는 주중에 미리 준비해 두어 주일에는 복사를 하지 않는다. 처음엔 이로 인하여 작은 언성도 있었고 불쾌해 하는 모습도 있었지만 지금은 모두가 잘 알고 그대로 행하는 질서 있는 모습이 되었다. 목사님의 말씀대로 준비된 예배가 되어야 함이 이유이다.

　한번은 찬양대에 계시는 성도님이 악보를 복사해 달라고 오셨다가 옆에서 부목사님의 자료도 복사해 드리지 않는 모습을 보면서 아무 불평 없이 나가는 모습을 보았다. 성도여서 안 되고, 부목사님이어서 해 드리고 하는 것이 아님을 알고는 그 이후로는 미리미리 복사를 준비해 충분히 찬양연습을 하는 모습을 보게 되었고 또 스스로도 그것이 이제는 익숙해지고 습관이 되어 준비된 예배로 큰 은혜가 됨에 감사하며 나누기도 했다.

　이럼에도 어찌 100% 복사를 안 해 줄 수가 있겠는가! 상황과 형편에 따라 아니 솔직히 그날 감정에 따라서도 나의 마음이 그러면 안 되는 것을 알면서도 복사를 하는 경우가 있다.

"집사님 죄송해요. 다음부터는 미리미리 준비할게요. 오늘 한 번만 해주세요. 오늘 연습하기로 아이들과 다 약속이 되어 있어서요."

이러한 소리를 듣고도 어찌 안 해 주겠는가. 선생님 말씀에 순종하여 약속 시간에 나오는 주일학교 아이들을 위해서라도 나는 복사를 해주고 만다. 이러저러한 이유로 인해 나야말로 규칙을 어기는 성도였다.

한번은 주일학교 선생님 중에 한분이셨는데 이분은 대학생이면서 나이도 어리셨다. 또 중고등학생 때부터 봐와서인지 정말 예쁘고 순수함이 더했던 것도 사실이다. 그런 선생님이 사무실을 찾아왔다.

"집사님! 주일날엔 복사 안 하시지요?"
"네."

머뭇거리며 그냥 나가려는 폼이다. 사무실 문을 열고 나가는 선생님을 불러 세워놓고 내가 답답해서 한마디 했다.

"선생님! 악보 복사하러 왔으면 복사를 해 갈 수 있도록 부탁이라도 해봐야지. 오늘 주일이라 복사할 때도 없을 텐데. 그리고 그냥 나가면 오늘 연습 어떻게 하려고 그러나? 아이들은 다 와서 기다리고 있는데 연습 안 할 건가? 싫은 소리를 듣더라도 우선은 연습을 할 수 있도록 복사를 해 가야지."

가르치듯 괜한 부끄러움을 만들었나보다. 복사물을 손에 쥐어주면서 "교사 직분 감당하기 어렵지? 그래도 열심히 하는 모습이 참 예쁘다~~"하며 격려해 주니 감사하다면서 환하게 웃으며 인사를 한다.

이 선생님은 아마도 앞으로는 준비된 예배를 드리기 위해 최선을 다 할 것을 나는 바라본다.

사무실에 찾아오는 분들에게는 특히 교사나 찬양대로 섬기는 분들이면 나는 무조건 호칭이 선생님이다. 나이가 많고 적고를 떠나 직분이 없어도 나는 선생님으로 부른다. 이중에는 유아부교사시절 가르쳤던 아이가 벌써 보조교사로 선생님이 되어 있는 고등부학생들도 꽤 있다. 이 어린 학생 선생님들도 진심을 담아 존중을 해주면 얼마나 자부심과 책임감을 가지고 감당해 나가는지 대견한 모습에 격려를 아끼지 않는다.

혹여 교회 근처에 외부에서라도 만나면 먼저 알아보고 반갑게 인사를 하는 모습이 참으로 예쁘다. 그럴 때에는 정감 있게 이름도 불러주고 농담도 하면서 맛있는 거라도 사주려면 다 큰아이들처럼 극구 사양도 할 줄 아는 정말 잘 자라난 우리 교회의 아이들이다.

우리 교회는 유아세례를 받는 모든 유아들에게 세례증서와 은팔찌를 선물하고 있다. 생년월일과 이름, 부모 이름과 교회와 담임목사님 이름도 같이 새겨서 유아세례 기념선물로 주고 있다.

해마다 어린이주일과 추수감사주일 두 번에 걸쳐 세례식을 하고 선물을 드린다. 우리 집 작은아이 이쁜 딸 주영이도 이 은팔찌가 있는데 벌써 20년이 다 되어간다.

한번은 어린이주일에 선물해야 될 은팔찌를 미리 주문한다는 것을 깜박하고 제 시간에 주문을 못한 적이 있었다. 오월은 얼마나 교회에 행사들이 많은지 정신을 바짝 차리고 한다면서도 이렇게 큰 실수를 했다. 담당목사님도 또 나도 같이 챙기지 못하고 준비할 시간을 놓치고 말았다. 하필이면 그 주간은 어린이날 어버이날 연휴인 관계로 모든 금은방관계자들이 길게는 한 주간을 문을 아예 닫아두는 특별휴가기간 이기도 했다.

급기야 거래하는 금은방에 알아보니 이 분도 가게 문을 닫아버리고 휴가를 가신 상태였다. 그래도 개인 번호로 전화를 걸어 사정 이야기를 하고 필요한 만큼 만들어 줄 것을 부탁드리지 않을 수 없었다. 휴가지에서 ㄱ 사장님은 얼마나 당황해 하는지 무슨 이런 일이 있냐는 뉘앙스가 말을 듣지 않아도 얼굴을 보지 않고도 들리고 보였다. 지방에 멀리 내려가 있어서 도저히 올라올 수가 없다며 그리고 팔찌를 만들 은도 없다는 것이다. 이번만큼은 다른 곳에서 해 달라고 이제는 되려 나에게 사정을 하는 것이다. 그런 사장님의 목소리에도 어찌되었건 나는 나의 일을 해야 했다.

"사장님! 그렇게 안 된다는 말씀만 계속 하시지 마시고 될 수 있는 방법을 생각해 봐 주세요. 우선 이런 상황에서 전화를 받아 주실 만한 같은 업종에 계시는 분에게라도 연락을 좀 해 주세요."

긴 설득 끝에 알아봐 주겠다는 대답을 듣고 전화를 끊고 나는 기도밖에 할 수가 없었다.

"하나님! 이런 형편이 되어버리고 말았습니다. 잘못했습니다. 그럼에도 염치없지만 하나님 아버지의 도우심을 바라며 기도합니다. 돌아오는 주일에 우리 유아들에게 은팔찌를 선물할 수 있도록 또 많은 부모 된 성도님들에게도 감사와 기쁨으로 유아세례를 기념할 수 있는 은팔찌를 받아 갈 수 있도록 사랑스러운 몸 된 교회 위에 은혜를 허락해 주시기를 바랍니다. 예수님의 이름으로 기도드렸습니다. 아멘."

가슴 졸이며 얼마나 기다렸을까 드디어 전화가 왔다. 한 가게에서 은 덩어리를 택배로 보내주기로 했단다. 주일아침까지 은팔찌가 교회에 도착될 수 있도록 특별히 작업을 해 주기로 하셨다.

나는 분명한 약속을 다짐받으며 하나님께 감사기도를 드렸다. 그리고 담당목사님께도 은팔찌가 준비되었다는 보고를 당당하게 드렸다. 담당목사님은 반갑고도 황당해 하시면서 안도의 한숨을 쉬시며 얼마나 다행인지 활짝 웃으시는 모습이 나 또한 참으로 감사했다.

"집사님은 나보다 더하십니다."라고 격려로 들려지는 말씀도 듣기에 좋았다. 처음부터 통화하는 내용을 들으셨기에 하시는 말씀임을 잘 안다. 아마도 이번만큼은 제 날짜에 준비가 되지 못할 것이라

짐작을 하고 계신 듯하다.

　맡겨진 사명을 감당하기가 때로는 쉽지 않을 형편이 될 때가 있다. 그것이 어찌 특정 기관과 부서 만에 일이겠는가? 어느 자리건 감당하다 보면 생각지 못한 상황이 발생될 수도 있고 갑자기 급하게 해결해야만 되는 일들도 생길 것이다. 오히려 쉽지 않을 형편과 생각지 못한 상황들을 해결해 나갈 때는 하나님께 더 많이 기도하게 되고 결국엔 더 많이 감사하면서 성취감의 기쁨도 배가 된다.

아들, 고마워! 그리고 사랑해~~^^(1)

　남편이 강릉으로 내려가 일을 시작한지도 어언 5년이라는 시간이 지났을 때이다. 안 봐서 그렇지 참으로 고생도 많았을 것이다. 워낙에 성격이 무던하고 말이 많은 사람이 아닌지라 어지간한 아픔과 고통은 표현도 내색도 안하는 사람이다.

"여보! 맛있는 오징어 좀 사서 보내줘요. 우리 담임목사님 갖다 드리게요."
"질겨서 목사님이 드실라나."
"목사님 자녀들도 있고… 그래도 여기서 사는 것 보다는 거기서 보내주는 게 더 맛있겠지요."

　그렇게 시작으로 그곳에서 맛있다고 하는 음식들을 올라올 때마다 이젠 말하지 않아도 하나씩 들고 왔다. 세 개도 아니고 꼭 두 개씩이었다. 하나는 우리 애들 하고 집에서 먹을 것이고 하나는 목사님 드릴 것이었다.

　닭강정도 있었고 작은 병에 담긴 젓갈도 있었고 직접 양봉하는 데서 사왔다는 꿀도 있었다. 처음에는 나도 목사님 섬기는 마음이

고마워서 고맙다면서 전해드렸는데 나중에는 한마디 했다.

"아니~~ 이왕 섬기는 거 몇 개씩 더하면 좀 좋아요. 목사님 생각하는 마음은 알겠는데 그 마음처럼 정성껏 잘 포장도 좀 하고 해서 드려야지. 한두 번도 아니고 검정 봉다리에 달랑달랑 하나씩 담아 와서 드리라고 하니까 솔직히 손이 좀 부끄러우니 이제부턴 당신이 직접 드려요."

미리 주면 나라도 포장을 좀 해볼 텐데 꼭 주일날 교회 가면서 기억난 듯 주는 마음이 야속했다. 이제부터는 직접 드리라며 흘기던 몇 년 전에 말들이 생각이 난다.

그럼에도 우리 목사님은 "아니 그 사람은 올 때마다 뭘 이렇게 들고 오나?" 하시면서 얼마나 반갑고 고맙게 받아주셨는지 그런 목사님 얼굴을 보면서 나도 괜히 행복해진다.

한번은 추석명절이 다가오고 있는데 담임목사님께 무엇을 선물하면 좋을까하는 생각을 하다 때마침 통화를 하다가 그러함을 이야기를 하니 강릉엔 한과가 유명하다면서 택배로 보낼 테니 드리라고 한다.

이번엔 제법 몇 상자를 더 보내줘서 인사를 드려야 할 분에게도 감사를 표할 수 있어서 더욱 좋았다.

그런데 강릉 시내를 지나다 명절이라고 줄을 길게 서 있어 살펴보니 떡을 팔더란다. 강릉에서는 이 떡이 소문이 난 맛있는 떡이란 것을 알고는 몇 상자 택배로 한번 더 보내니 목사님께도 잘 전해 드리라고 연락이 왔다.

　정말 맛있는 떡이었다. 한과는 귀한 거라 우리 집에서는 먹어보지도 못했는데 다행히 떡은 작은 팩으로 몇 덩어리 더 보내줘서 우리 애들도 맛을 볼 수가 있었다. 바쁘신 우리 담임목사님도 제때에 맛이라도 꼭 보셨으면 좋겠다는 생각을 해 보았다.

　"기준아! 오늘 저녁에 교회 소망홀에서 목사님과 수능고사 기도회가 있으니까 시간 맞춰 꼭 와야 해?"
　"알았어요!!"

　이렇게 아침에 서로 약속을 하고 나는 교회로 출근을 하고 우리 기준이는 학교로 갔다.
　그런데 저녁에 기도회 시간이 다 되어 가는데도 약속 장소로 오지를 않고 있다. 다급해진 마음에 전화를 걸어보아도 받지를 않는다. 속이 타 들어갔다. 나는 안 되겠다 싶어 기준이 이름표를 내 등에 붙이고 학생들 틈에 끼어 기도회에 참석했다.
　학부모들도 같이 자녀의 손을 붙잡고 열심히 부르짖어 기도하는데 나는 혼자서 눈물을 흘리며 간절히 기도했다. 목사님께서 학생들마다 안수기도도 해 주시는데 얼마나 속이 상할 대로 상해지는지…
　한참 후에 누구신지는 모르지만 부목사님 중에 한 분이 내 머리에 손을 얹으시고 기도를 해 주심을 알았다. 얼마나 뜨거운 눈물이 흘러넘치는지… 그것은 아마도 아들을 향한 속상한 마음을 감당하기 힘든 그런 눈물이었을 것이다.

그렇게 아들을 위하여 기도하는 나의 모습이 측은해 보였는지 기준이반 담임이신 선생님이 내 어깨를 안아주시며 같이 기도해 주셨다.

그렇게 혼자 기도회에 참석을 하고는 집에 가서 내 입술에서 험한 말 나올까 싶어 기준이 눈도 쳐다보지 않고 안방으로 들어가 그냥 잠을 청했다.

기준이는 중학교 3학년에 올라갈 무렵부터 방과 후 수업을 통해 기타를 배우기 시작했는데 나름 재미도 있었고 또 남다른 재능도 있었다.

지도하시는 기타 선생님께 칭찬도 제법 들으면서 학업에 열중하기보다는 기타에 열심이었고 급기야 대학 진학에 영향을 줄 것이라 전혀 생각도 못했는데 아무튼 실용음악학과를 가겠다고 고집을 부리고 결국에는 그렇게 하기로 하고 고등학교에 진학 하고서도 1학년을 지나 2학년이 다 지나가기까지 실용음악을 목표로 학원을 다니면서 밤낮으로 기타만 쳐댔다.

마음이 변하지 않고 처음 마음처럼 최선을 다해도 대학이라는 큰 문을 들어가기가 쉽지가 않은 것이 현실인데 뜻밖에도 3학년에 올라오면서 "엄마 드릴 말씀이 있어요."하기에 들어보니 전공과목을 바꿔야 됨을 어렵게 이야기를 하는 것이 아닌가. 나름으로 얼마나 자신의 인생을 놓고 고민하며 힘이 들었을지 모르지 않기에 기가 막히고 속이 새까맣게 타는 마음을 표현도 못하고 "그래, 엄마가 무엇을 도와주면 되겠니?" 물으니 일 년만 영어와 수학 과외를 받게 해 달라고 하면서 독서실도 잡아 달란다. 알았다고 말은 했지만 안방으로 들어가 얼마나 가슴을 쓸어내리며 혼자 막막했는지 모른다.

세상에 모든 엄마들처럼 나 또한 내 아들 얼굴만 머릿속으로 그리고 있어도 웃음이 나오고 책을 보다가도 같은 이름만 나와도 설레는데, 내 눈에는 그렇게 최고로 잘난 그런 아들이 대학에도 가지 못하면 어쩌나 하는 근심이 며칠이 지나도 쉽게 진정되지를 않았다.

대답처럼 과외선생님을 수소문해 찾아보고 학교와 집 중간에 독서실도 하나 잡아줬다. 근 일 년을 정말 열심히 하는 것이 대견했다. 그러면서도 한편으로는 지나온 1-2학년이 너무 속이 상했다. '지금처럼만 했어도…' 하는 엄마의 욕심과 안타까움은 사실 속상하다는 표현 외에는 표현할 길이 없다.

그렇게 수능시험이라는 큰 장으로 들어가기까지 참으로 힘들었다. 아빠도 주말이면 시간을 만들어 올라와 힘이 나는 말들을 해주고 맛난 음식도 먹이고 또 다 큰 아들을 꼭 안아주고는 내려갔다.

수능시험일에 새벽부터 일어나 미리 검색해서 준비해둔 식재료들을 잡고 기도하며 최선을 다해 음식을 만들어 정갈하게 도시락에 담아주고 마지막으로 중간중간 마시라고 따끈하게 식힌 국화차까지 보온병에 담았다. 아들은 얼마나 긴장이 되는지 시간이 좀 남았는데도 소파에 앉지도 못하고 서 있다가 시험장으로 출발하자고 재촉을 한다.

모든 일정을 뒤로 하고 지방에서 어제 밤늦게 올라온 남편이 알았다고 하면서 우린 모두 참참한 마음으로 시험장으로 향했다. 가면서 나는 기준이의 손을 꼭 잡아주면서 "엄마도 시험시간표에 맞추어 기도하고 있을게. 긴장하지 말고 평안하게 시험 봐." 하면서 웃어주었다.

학교에 도착하니 조금 이른 감이 있다 싶었는데도 제법 많은 사람들이 보였다. 후배들의 응원을 받으며 교문을 지나 교실로 향하는 아들을 바라보면서 엄마 된 마음이 갑자기 울컥해진다.

나도 하루 종일 시간표에 맞추어 기도했다. 저녁이 다 되어 이제 모든 시험이 끝났겠구나 생각되니 내 마음도 홀가분해지는 것 같았다. 학교 앞에 미리 가서 기다린 남편이 아들을 데리고 오면서 전화로 기준이 목소리를 들으니 한결 마음이 편안해짐이 느껴져 감사했다.

이런저런 말없이 "하루 종일 시험 보느라고 고생 많았지" 하면서 안아주었다.

"우리 아들 그동안 고생했으니 맛있는 것 먹자."

그날 밤은 참으로 오랜만에 아들도 엄마도 아무 생각 없이 평안하게 일찍 잠이 들었다.

큰애가 대학 정시에 떨어졌다. 모든 가나다군 예비를 기다리는 마음이 참으로 막막했다. 몇 명 뽑지도 않는 데서 예비번호란 사람의 생각으로는 도저히 붙을 확률이 없어보였다. 모두가 내 탓이다 생각이 되어 너무도 가슴이 아팠다. 별의별 생각이 앞서며 지나간 일들이 떠오른다.

추석을 며칠 앞둔 어느 날, 어려운 가운데에서도 믿음 잃지 않고 최선을 다해 주어진 삶에 순종하는 한 집사님이 떠올랐다. 참으로 그 모습을 뵐 때마다 늘 감사하면서도 한편으로는 집사님의 버거운 가정환경이 나와 너무도 흡사해서인지 참으로 나의 마음이 아프도록 눈물이 났다. 갑자기 집사님이 떠오름도 하나님이 주시는 은혜인가 싶어 서둘러 저녁에 잠깐 뵙기로 약속을 정했다.

추석 명절이라고 선물로 받아 놓은 고기와 과일 등등 눈에 보이는 대로 담아 정갈하게 포장을 했다. 그리고 나의 아들 기준이만을 위하여 준비해둔 과부의 두 렙돈과 같은 예물이 웬일인지 이분에게 더욱 필요할 것 같아서 잠깐 망설이다가 "하나님! 기준이가 심어드리는 헌신에 씨앗입니다. 부디 우리 기준이를 기억하여 주소서"라고 기도하며 같이 담아 드렸다.

집사님과 밤늦게까지 서로에게 힘이 되는 깊은 나눔을 하고 준비해 간 보따리를 손에 공손하게 들려 드리니 집사님은 참으로 감사하고 고맙다는 인사를 주셨다. 집으로 가신 집사님은 놀라서 다시 전화를 하셨다. 이 봉투는 받을 수가 없다고 아니 받아도 되는 거냐고 당황스러워 하는 모습이 눈에 그대로 그려졌다.

"집사님 받으세요. 이미 제 것이 아니에요."

그리고는 잊어버리고 있었다.

기준이의 대학 발표결과를 대하고 보니 불현 듯 그 당시의 생각이 떠오르는 것이 참으로 내가 어리석었나보다.
나의 기도하는 모습을 되돌아보면 부끄럽지만 하나님께 드리기로 한 것은, 또 사람에게 섬기기로 한 것은 그것이 김치 한통이 되었든 쌀 한포가 되었든 처음에서 가감하지 말자라는 것인데 하나님께 드리기로 한 것을 갑자기 집사님에게로 옮긴 것이 바르지 않았음을 알았다.
모든 삶이 하나님의 역사 속에서 이루어져 가고 있음인데 기도하지 않으니 감성이 앞서고 또 기도하지 않으니 좋은 일을 한 것 같으면서도 뒤늦은 후회를 해봄이 이 또한 하나님에 뜻을 배워감이고 바른 헌신에 하나를 체험함인 것을 깨달아보지만 가장 중요한 이때에 왜 하필 이렇게 알아야만 되는지 이루 말할 수 없이 안타깝고 속이 상했다.

한숨을 들이셨다 내쉬는 나를 바라보면서 남편이 한마디 내뱉었다. 기도하는 사람이 기도는 안하고 그렇게 혼자 다 결정을 내버리면 어떻게 하느냐고 못마땅함을 표현한 것이다.

"맞아요. 모든 것이 믿음으로 기도하는 생활이어야 하는 데 내가 틀렸네요."

　이튿날 주일 예배를 드리면서 설교 말씀이 "오직 믿음으로 살아갈 때 형통하다"는 말씀이 나의 마음에 심겨졌다. 나의 생각이 앞섬이 아니라 나의 행동이 앞섬이 아니라 오직 믿음이 앞서야 되고 믿음의 기도가 앞서야 된다는 말씀이시다.
　순종 없이 하는 모든 헌신과 섬김은 하나님이 기뻐하시지 않으신다는 말씀도 너무 감사했다. 나의 현재 모습이고 너무 솔직한 나의 생활이기에 이제는 순종이 앞서는, 믿음으로 드리는 기도가 앞서야 됨을 묵상해 본다.

　큰애의 대학 입학을 놓고 다시 기도해야 됨이 믿음임을 알았고 새벽기도를 결심하고 결단했다. 그렇게 철야예배에서 새벽 기도의 삶을 결심하고 하나님께 기도하기를 시작했다.

"하나님 아버지!
기준이의 대학을 허락하여 주세요. 최선을 다하여 새벽제단 쌓겠습니다. 교회와 담임목사님 또 주님에 사람들을 위하여 기도하겠습니다. 기준이가 주님께 영광돌리는 삶이되기 위하여 기도하겠습니다."

　나 역시도 어쩔 수 없는 이 땅에 어머니였음을 감사드린다. 자식을 살리기 위해 이렇게 겁도 없이 기도의 삶을 약속하고 결심함은,

하나님 아버지가 우리 어머니들에게만 주신 큰 은사인가보다.

　하나님 아버지는 이 기도를 기쁘게 들으셨다. 주일이 지나 화요일 오후에 드디어 꿈쩍도 안하던 예비 번호가 잠깐 그것도 한 번 변동이 일었다. 드디어 우리 기준이게도 대학이라는 큰 배움의 기회가 주어졌다.

　"하나님 아버지 감사합니다.
　하나님이 함께 하시었음을 일평생 잊지 않게 하시고 더욱 열심히 공부하여 주님의 나라와 의를 위하여 쓰임 받는 정직하고 성결한 선한 그릇이 되게 하여 주소서. 이를 위하여 기도의 삶이 되고자 결심한 저 또한 도와주시어 새벽기도의 삶을 통하여 더욱 많은 영육의 변화들이 일어나게 하실 것을 감사드립니다."

　새벽 기도의 삶이 바로 시작되었다. 한동안 지병을 앓고 난 자녀에게 뭐든 먹여 기운을 차리게 해 주고 싶은 어미의 마음처럼 이제야 가장 사랑하는 아들을 통하여 기도의 삶을 살고자 마음을 고쳐먹은 당신의 딸에게 새벽마다 주시는 성경 말씀이 얼마나 힘이 되고 은혜가 되는지 감사 또 감사하다. 구역예배에 나눔을 통하여서 또 다른 구역 식구에게도 기도의 불씨가 되어 한 사람 한 사람 새벽 기도하러 나오는 변화의 모습들이 참으로 감사하다.

아들, 고마워! 그리고 사랑해~~^^(2)

"엄마! 이번 달 알바비는 엄마 드릴게요. 엄마 쓰세요."
"진짜?"
"얼마 되지는 않을 거예요 오늘 통장에 입금되니까 그런 줄 아시고 찾아서 쓰세요."
"알았어. 고마워."

건네주는 통장을 받아들었다. 얼마나 귀한 돈이란 말인가! 여기저기 급하게 쓸 곳이 떠올랐지만 아들의 알바비가 좀 더 보람되게 쓰였으면 했다.

입금된 것을 확인하니 말대로 얼마 되지 않은(330,000원) 돈이었다.

나는 기준이 이름으로 십일조 헌금(40,000원)과 감사 헌금(100,000원)을 기도하고는 따로 소중이 준비해 두었다가 주일에 헌금으로 드렸다.

"하나님 아버지! 기준이가 드리는 이 예물 기쁘게 받아주소서."

그리고 우리 교회 담임목사님과 부목사님, 전도사님 모두를 기준이 이름으로 식사대접을 하였다.

"기준아! 엄마 쓰라고 준 돈 목사님과 전도사님들 식사도 대접해 드리고 감사헌금과 십일조 헌금도 드렸다."

목사님들과 같이 식당에서 인증사진도 찍어서 우리 기준이에게 보내주니 기분이 좋은가보다. 식사비 모자르지 않았냐고 오히려 걱정을 하며 몹시 흐뭇해한다.

"엄마 오늘 너무 행복하다. 앞으로도 열심히 일해 돈 많이 벌어서 엄마 많이 다오."
"알았어요."

사실 1학기 종강을 앞두고 집에 올라 와서는 여기저기 알바자리를 찾아다니며 알아보더니 방학하면서 바로 일하기 시작하는 모습을 말없이 지켜보며 '우리 아들 참 대단하네.' 하면서 혼자만 마음속으로 칭찬하고 있었다.

그러면서 나름 필요한 공부도 밤이 늦도록 하며 친구들과 틈틈이 여행도 하고 복싱장도 다니면서 운동도 열심히 하는 모습이 내심 대견하고 예뻤는데 이렇게 기특한 생각을 해내고 행동으로 옮겨 보는 성숙한 인성이 참으로 감사했다.

2학기 등록금을 위하여 몇 푼 안 되게 남은 잔액을 기준이 통장에 습관처럼 또 저금하였다.

"인터넷으로 자기 성적을 확인을 해보더니 엄마 잘하면 이번에 학교 교내장학금 나올지도 모르겠어요."
"그래? 정말?"

그 후 몇 주일 후에 정말이지 국가 장학금을 포함하여 2학기 등록금이 0원인 등록금 고지서를 보여주는 것이 아닌가.

"아! 하나님 아버지, 정말 감사드립니다.
감사하다는 말씀 외에는 더 드릴 말씀이 떠오르지가 않습니다. 늘 주님 앞에 겸손하기를 원하며 최선을 다하여 성실하기를 원하며 오직 믿음의 삶이 어느 곳에서나 우선순위가 되는 기준이로 인도하여 주소서."

처음 입학 무렵을 떠올리면 참으로 아득했었다. 큰애의 대학 입시문제가 합격으로 해결되어 이제야 한시름 놓으며 감사하며 평안하다 싶었다. 그런데 대학 입학식을 하고 며칠 지나 느닷없이 재수를 해야겠단다. 아들을 향한 답답함을 삭히기가 엄마로서 여간 버거운 것이 아니었다. 아무리 설득을 하고 좋은 말로 타일러 보아도 도무지 대화가 되지를 않으니 막막하고 참으로 답답했다.
새벽에 성전에 나가 하나님 아버지께 기도밖에 할 수 있는 것이 없었다. 기준이도 얼마나 답답한지 무뚝뚝한 성격임에도 하루에도 몇 번씩 전화를 한다. 그 답답할 마음이 헤아려지니 더욱 엄마 된 마음도 당황스러웠다.

갈 바를 알지 못하고 방황하고 있는 가장 중요한 이 시기에 나는 사랑하는 아들을 위하여 무엇을 간구해야 될지도 모른 채 무작정 새벽 성전 맨 앞 바닥에 앉아 머리를 숙였다.

"하나님 아버지!
어찌해야 되나요? 무엇을 간구해야 하나요? 어떤 선택을 해야 되는지 도무지 알 수가 없습니다."

자신의 미래를 놓고 힘들어 하는 사랑하는 나의 아들을 떠올려 보니 그렇게 눈물이 흐를 수가 없다. 그럼에도 한참을 나도 모를 기도를 하며 눈물을 쏟아내고 나니 마음이 뻥 뚫린 것처럼 후련해졌다. 내 마음속에서 '아~ 하나님 아버지가 일하실 것이며 또 갈 길을 인도하시겠구나!' 하는 믿음에 확신이 들어선다. 이른 아침 교회에 출근을 하려고 준비를 하니 아들에게서 또 전화가 왔다.

"하나님 아버지!
저에게 지혜를 주셔서 능력 있는 말이 되게 해주시고 우리 아들에게는 듣는 귀와 열린 마음을 주시기를 원합니다."

나는 이렇게 순발력 있게 마음속으로 기도를 하고 아들에게 하고자 하는 말을 시작했다.

"기준아, 네 생각대로 더 열심히 공부해서 재수하면 지방이 아닌 원하는 대학에 들어갈 수 있다는 생각은 욕심뿐일 수도 있어. 오히려 엄마는 지금 대학에 합격도 감사드리고 있는데… 네 고집대로 재수하다가 지금에 주신 축복도 걷어버리는 것이면 어쩌니? 더욱 더 큰 후회를 남기는 것은 안타까운 일일수도 있음을 알았으면 좋겠는데…

너는 지금 재수 안하면 후회할거라고만 하지만, 세상에 모든 사람들은 선택을 하며 살아가지. 엄마도 그래왔고. 그런데 지내놓고 보면 그때는 최선의 선택이었다 할지라도 후회하는 마음이 조금씩은 늘 있더라. 선택함에 후회가 온다고 해서 그 선택한 삶을 포기하고 매번 새로운 것을 다시 찾아 나서지만은 않아.

엄마는 네가 지금에 환경과 형편이 네 기준에 부족할지라도 그곳 그 자리에서 최선을 다하면서 변화되었으면 좋겠어. 새로운 학과공부에 집중하면서 또 새로운 동기와 선배들을 만나고 교수님을 만나다보면 알지 못했던, 생각도 못했던 방향으로 삶의 목적이 무엇이어야 할지 그 길이 새롭게 보이지 않을까?

많은 사람들 특히 엄마의 삶을 예로 들자면 지금 현재의 자리에서 환경과 형편이 어떠할지라도 그 현실에서 가장 좋은 것을 찾아내어 그것으로 성장하고 성숙한 삶을 향해 살아왔거든. 너도 그 자리에서 스스로 그렇게 변화하고 바꾸려고 노력하면서 나아가면 어떨까?

앞선 생각만으로 선택한 것이 '이건 아닌데.' 하는, 그래서 후회할 때마다 새로운 자리로 옮겨가서 도전하는 것은 어쩌면 평생 네

딜레마가 될 수도 있을 것 같아서 엄마가 조금 아니 사실은 많이 걱정이 된다."

웬일인지 아무 말도 안하고 듣기만 하는 사랑하는 아들에게 나는 나중에 다시 통화하자 하고 출근이 늦어질 것 같아 전화를 끊었다.
이튿날 아침 일찍 전화가 또 왔다.

"엄마 말이 맞는 것 같아요. 알았어요. 엄마! 열심히 해 볼게요. 걱정하지 마세요."

어제 통화 후 하루 종일 또 밤새도록 고민하고 고민했나보다.

"할렐루야!
하나님 아버지 감사합니다. 우리 기준이에게 듣는 귀를 주셔서 깨닫는 마음을 주셔서 감사합니다."

나는 너무 감사해서 바로 그렇게 기도했다.

고등학생 교복을 벗고 이제 신입대학생다운 풋풋한 모습이 얼마나 대견하고 멋지게 보이는지 세상에 모든 엄마들이 그것을 침묵하고자 얼마나 애쓰는지 알 것 같다. 앞으로 어떻게 공부를 해 나갈지… 스스로 정신을 차린 것 같은 사랑하는 아들에 결심과 결단의 모습이 자랑스럽고 감사하다.

"하나님 아버지!

아들의 결심과 결단이 다시는 사단에게 빼앗기지 않도록 도와주세요. 인생의 가장 중요한 청년인 지금의 시간, 긍정적인 마음으로 듣고 보고 배우며 바르게 깨달아, 오직 믿음의 모습으로 일생이 아름답고 행복하며 형통하게 하소서. 이를 위하여 새벽기도의 자리를 최선을 다하여 지켜내는 기준이의 엄마이기를 기도합니다."

사랑하는 자식이 내 안에 있음이 얼마나 설렘인가!

아들을 향하여 퇴근하는 발걸음이 한발자국이라도 더 빨리 가고 싶어 두 정거장 거리를 버스를 타는 마음을 이해하는 엄마들이 이 땅에 아마도 많을 것이다.

아침에 지어놓은 밥을 퍼내고 다시 새로 지어 아들에게 먹이고 싶은 엄마 마음도 자식이 있는 자만이 누리는 축복일 것이다. 한쪽에서는 갈비를 굽고 또 한쪽 후라이팬에서는 아껴두었던 수제 떡갈비를 굽는 엄마의 마음은 이것도 먹이고 싶고 저것도 먹이고 싶음이 지금은 아무 생각 없이 그것이 전부다.

엄마의 사랑과 정성을 아는 것처럼 맛나게 먹어주는 모습이 얼마나 대견하고 자랑스러운지 엄마는 옆에 앉아 연신 더 챙겨주면서 먹성 좋은 아들을 부끄러운 듯 잠깐 잠깐 훔쳐본다.

'오구오구. 사랑이라는 말만으로도 부족한 다 큰 내 아들!' 이는 내 뼈 중에 뼈요 살 중에 살이라는 성경 말씀과 꼭 같을 것이다. 대학생이라는 이름으로 두 주 만에 보는 얼굴이 그 새 다 큰 청년이 되어 돌아온 것처럼 낯설다.
　자기 방이 변화 없이 그대로 있음이 좋은지 예전과 다름없이 침대에 누워 핸드폰을 들여다보는 모습도 완연 다르게 와 닿는 이 느낌은 분명 엄마의 주책일 것이다.
　오랜만에 친구들을 만난다는 아들의 지갑에 용돈 챙겨줌을 대하는 아들에 순간 놀라는 낯가림도 엄마는 모른척하는데 이번에는 아들이 그러한 엄마의 모습이 낯선가 보다.

　우리 기준이의 지난 모습들을 되돌아보면서 성경에 둘째 아들을 노심초사 기다리며 살던 아버지가 떠오른다. 결국에는 거지가 되어 돌아온 아들이 무릎 꿇고 잘못했다고 사죄하는 모습은 아버지의 믿음의 열매인 것을 이제야 깨달아본다
　집으로, 아버지에게로 돌아와 준 것만도 고마운데 거기다 잘못했다고 용서를 비는 성숙한 모습이 아버지로서 얼마나 '고맙고 고마웠을까!' 하는 부모의 마음이 참으로 이해가 간다.
　아들이 돌아올 것을 믿음으로 실천하는 탕자의 아버지의 행동은 다름 아닌 매일매일 같은 장소에 나아간 기다림이었다. 나도 우리 기준이를 믿음으로 그 믿음을 실천하고 행동으로 옮기는 것이 다름 아닌 기도의 자리를 지키는 것임을 배워본다.

　부모에게 있어 자식은 질서 있는 삶에 도구라는 말씀이 생각이 난다. 자녀로 인하여 기도하는 삶을 시작하고, 자녀로 인하여 함부

로 악하게 행동하지 못하는, 분명 자녀는 하나님이 주신 축복 중에 축복이다.

자녀가 성장하는 만큼 부모도 그 만큼 성장하고 성숙하는 것은 그 어느 교과서에서도 배워보지 못했어도 모든 부모는 잘 알고 있다. 자녀의 나이만큼이나 인내심도 책임감도 갖게 되며 때로는 자존심이라는 커다란 장벽도 뚫게 만드는 힘과 용기는 자녀를 둔 부모뿐일 것이다.

사랑하는 아들 덕분에 매일 새벽 하나님 아버지 앞에 나아가 기도의 삶을 살게 된 것이 감사하다.

"아들! 고마워. 그리고 사랑해~~^^"

엄마의 기도는 큰 능력

　불현듯 어제 일처럼 힘들게 결단하고 결심했던 입학 무렵의 아들을 떠올려보며 감사드렸던 날을 회상해본다.
　2년 동안 지방 학부에서 열심히 공부하면서 주말이면 어김없이 집으로 2시간이 되는 거리를 오르내리고 또 학원에 들어가 밤새 공부하는 아들이 애처로울 때도 사실 많이 있었지만 나와 함께하시는 하나님 아버지는 나의 기도에 응답해 주심을 감사드린다.

　"하나님!
　주일성수할 수 있도록 집에서 다닐 수 있는 대학교로 인도해 주시옵소서."

　지방에서 서울 경기권으로 편입은 하늘에 별 따기란 말이 있을 정도로 어렵다고들 하는데 나는 한 술 더 뜨는 욕심을 내고 있었던 것이다. 세상 사람들에게는 욕심이겠지만 나는 하나님의 자녀이기에 나의 바람을 분명하게 고했다. 그런데 그 이듬해 3월 3학년으로 편입학에 합격되어 집에서 학교를 다니게 되었다. 할렐루야~~

나는 지금도 무시로 기도할 뿐이다. 아니 사실은 내가 할 수 있는 것은 기도 외에는 아무것도 할 수 없음을 잘 알기에 더욱 감사함으로 간절함으로 기도한다.

일상들이, 계획들이 내 맘과 내 뜻에서 멀어지고 그로 인해 낙심되고 좌절되면 따뜻한 격려에 말도 싫을 때가 있고, 기도의 힘, 말의 힘, 긍정의 힘을 알면서도 그것을 기다림이 힘들다는 것을 알기에 나는 앞으로도 굳이 말해주려고 노력하지는 않을 것이다. 그냥 나의 아버지를 향하여 현재의 형편을 가감 없이 아뢰며 오직 믿음으로 나의 아들을 축복하며 기도할 것이다.

학교 보내는 길(1)

현관문을 나설 때만 해도 날이 흐린 줄만 알았는데
뉴스를 보고 있자니 빗소리가 들리네
한두 방울 많이 올 것 같지 않은

집을 나선지가 얼마 안 되었기에
다시 와서 우산 들고 가라하니
벌써 그만큼이나 갔다고 성가신가보다

우산 하나를 한 손에 더 들고
집을 나서기가 바쁘게
빗소리가 달라지더니 쏟아지기 시작하네
아이고! 어쩌나

신호등도 모른척하고 그냥 뛰는 것이
숨이 차옴도 무시하고
다리가 아파오는 것을 참으며 그냥 냅다 뛰는 것이
그것이 엄마인가 보다

저만치 처마 밑의 내 아들이 보이네
미안하다는 건지 고맙다는 건지
사랑받고 있어서 행복하다는 건지

도무지 헤아리기 어려운

그 백만 불짜리 미소를 보이며 서 있는 저것이

내 아들이란 말이지

언제 어디서 어떻게 봐도 행복을 주는 미소인가 보다

(김명란 시집 중에서)

학교 보내는 길(2)

우산을 받아들고
학교 가는 길을 재촉하는 뒷모습에다가
나는 가슴에서 토하는 뜨거운 축복을
내리는 비보다 더 퍼부었다

집으로 돌아서는 그때서야
숨을 고르며 헐떡거리고 있음을
허리부터 다리까지 아프다며 아우성치는
아이고! 어디 좀 앉아가야겠네
그러고 보니 이른 아침에 보이는 이 환자 꼴도 말이 아니네

집에 오니
이쁜 딸이 창문 밖을 내다보며 비가 그치려나 봐 말하네
해가 떠도 우산 들고 가라고 부탁을 하고
그냥 아무데나 누웠다

엄마 된 마음이 이런 것이구나!
학교에 가 있을 새끼들 모습이 그려지니 행복하고
그 마음이 하루 시작부터
기분 좋을 것이 이렇게 또 행복하네

이른 아침에 혼자 마시는 커피 한잔이 이렇게도 좋구나!

(김명란 시집 중에서)

아니 그걸 왜 해?

 2015년도쯤으로 기억이 된다. 교회 사무실에서 일을 하다보면 참으로 유익한 정보를 접할 때가 많다. 해마다 주일학교 노회 전국대회 중에 성경고사 과목이 있는데 준비하는 과정을 보면서 때마다 느끼는 것은 '가르치는 교사도 지도를 받는 아이들도 참으로 복되다.'하는 부러움이 늘 있었다. 대회에 나가 상을 받지 못하더라도 '일평생 살아가면서 하나님 말씀 안에서 풍부한 성경 상식을 바탕으로 얼마나 주님께 쓰임을 받으며 또 알고 있는 말씀만큼 바른 신앙인의 삶을, 믿음을 가지고 살아갈 수 있을 것이 참으로 좋겠다.' 하는 부러움이 있었던 것이 사실이다.

 그런데 장년부 성경고사도 있다는 소식을 우연히 들은 것이다. 내가 관심이 없었던 것도 아닌데 나는 이제야 그 사실을 알았다. 반갑고 설레었다.

 대회가 이제 석 달 밖에 남지 않았다. '어떻게 준비하지? 어떻게 시간표를 짜야 되나?' 고민 고민하면서도 너무 행복했다. 우선은 교재가 무엇인지 알아보고 인터넷을 통해 해당 교재를 주문했다. 교재 한 권을 인터넷으로 검색을 하고 나니 너무나도 떨렸다. 정보를 주신 집사님도 같이 성경고사에 도전하기로 했다.

우리 둘이서만 그러함을 비밀에 붙이고 일단 준비를 하자고 거룩한 비밀 약속을 했다. 전국대회는 말 그대로 전국의 교회에서 장년부가 참석하여 대회를 치르는 것인 만큼 참으로 어마어마한 숫자가 모여질 것이다.

그래도 우리 기죽지 말고 최선을 다해서 공부해 보자고 서로를 격려했다. 집사님은 어떻게 아셨는지 기출문제도 챙겨다 주시면서 참고하라고 하셨다. 200문제가 넘는 묶음이었다.

문제는 시간이 너무 없는 것이 큰 걱정이었다. 교재 한 권도 만만치 않은 양인데 그 교재를 읽고 정리하면서 시험 공부할 시간이 너무도 부족한 것이다. 밤을 새워 공부할 방법밖에 달리 없었다.

그동안 우리 기준이와 주영이에게 공부하라고 잔소리하는 엄마는 아니라 생각되는데 "뭐든 할 거면 제대로 똑바로 하라"고 잔소리한 것이 기억이 나면서 미안하다는 생각이 들었다.

"하나님 아버지!
성경고사 대회에 참여해볼 도전과 열정, 용기를 주셔서 감사합니다. 이왕 하는거 제대로 해볼 수 있도록 도와 주셔서 큰상을 받는 주인공도 되게 해 주세요. 나를 자랑하고자 함이 아니고 저는 솔직히 이런 성경고사가 있음을 알리어 많은 성도들이 도전해 보고 성경도 공부해 보는 그런 동기부여를 하고 싶습니다. 최선을 다하여 공부할 수 있도록 도와주세요. 예수님의 이름으로 기도드렸습니다. 아멘."

나는 먼저 이렇게 기도하면서 상을 받는 나의 모습과 상 받은 소감을 이야기하는 나의 모습도 그려보았다.

사실 그랬다. 성경고사를 처음 준비하던 당시 나는 분명한 목적이 있었다. 우리 교회에는 지혜롭고 슬기로운 무엇보다 성경말씀을 사모하는 성도들이 참 많다. 그러한 성도들에게 이러한 성경고사가 있음을 알려서 한 해 동안 말씀을 공부하고 고사에 도전해 볼 수 있는 동기를 부여하고 싶었다. 그래서 좋은 성적으로 우리 교회 이름을 빛내주길 바라는 마음도 많았다.

또 다른 목적은 좀 부끄러운 고백이기는 하지만 성경고사에서 상을 받음으로 우리 담임목사님에게 짧은 순간, 작은 웃음일지라도 선물하고 싶음이었다.

강단을 통하여 축복해 주시는 말씀과 또 심방을 통해 주시는 축복의 말씀과 기도해 주심에 평범하지 않은 무언가를 보답해 드리고 싶은 마음이 있었던 것이다.

"믿음은 바라는 것들의 실상"이라는 말씀을 묵상해보면서 기도의 능력과 긍정의 힘의 능력을 염두에 두고 스스로 파이팅을 외치며 힘을 얻는다.

드디어 주문한 교재가 내 손에 도착이 되었다. 책표지부터 머리말을 시작으로 꼼꼼하게 책을 살펴봤다.

이 책에서 요구하는 것이 무엇인지 어떤 식으로 시험문제들을 설정할지 나름 파악해 보면서 공부할 방향을 세워두었다.

공부할 전체 분량을 눈으로 직접 확인을 하니 막막했다. 나는

'할 수 있다. 해보자!'라는 마음으로 다시 고쳐먹고 전체 분량을 하루에 할 수 있는 분량으로 나누었다. 매일매일 성실하게 공부할 방법 외에는 다른 방법이 없음을 알고 그렇게 계획을 세워 놨다.

하루하루 시간이 더해 갈수록 암기할 내용이 많아짐에 점점 걱정이 태산같이 쌓여 갔지만 그럴 때마다 또 거울을 보면서 상 받는 모습을 그려보며 수상 소감을 발표해 보면서 용기와 목적을 잃지 않으려고 힘썼다.

성경고사를 준비하면서 하나님의 음성이 순간순간 들려옴이 지내놓고 보니 큰 은혜다.

솔로몬이 타락한 이유에 대해서 공부를 할 때에는 나도 모르게 창밖을 내다보며 한없이 말씀이 묵상이 되며 나 또한 얼마나 평안하고 안락한 삶을 살고 있었는지 뒤돌아본다. 나도 솔로몬과 같이 사실은 평안한 일상들임을 깨달았으며 그럼에도 감사보다는 불평으로 살아왔음을 뒤늦게 알았다.

'이거는 이렇고 저거는 저렇다.'하면서 마음으로 판단되어지는 것들이 얼마나 많았는가? 또 비교 의식 속에서 벗어나지 못하는 성숙하지 못한 부분이 아직도 내 안에 배여 있음도 알았다.

남들보다 좀 못 하는 일상이라고, 남들보다 좀 가진 것이 없고 배운 것이 없다고 잘난 것이 없다고 그러면서 그러한 가난한 감정들을 극복하려고 얼마나 주님의 이름을 불러가며 기도하고 찬양 드리며 위로받으려고 발버둥을 치며 지내온 시간이 얼마나 많았는지… 그러나 그것은 기도라고 할 수 없고 그저 내 마음 편해 보려고 했던 하소연에 지나지 않았음을 본다.

지금에서야 나를 똑바로 바라보니 그 누구보다도 참으로 평안하며 안락했던 감사의 시간들이었다. 그래서 나 또한 솔로몬과 같이 타락되어져 가는 커트라인에 걸려 있었던 것이다. 내 안에서 불평이 싹트기 시작하였으며 내 안에서 사단이 틈을 타는지도 모르고 있었음을 알게 되었다.

이럴 때 나의 하나님은 성경고사 준비를 통하여 성경 말씀이 아버지의 음성으로 들려와 정신을 똑바로 차려야 됨을 알게 하셨음에 참으로 감사드린다.

지나온 삶을 돌이켜 보니 때로는 삶이 고단하여 "하나님! 저는 이렇게 가난한 삶은 살기 싫어요."라고 소리 지를 때도 있었고, 예기치 못한 질병으로 인하여 몸과 마음이 낙심되어 한없이 추락할 때는 "하나님! 왜 저한테는 이렇게 혹독하게 하시나요?" 하면서 눈물도 많이 흘렸다.

지내놓고 보니 그럴 때마다 더욱 하나님 아버지를 찾으며 아버지 곁에 있으려고 안간힘을 썼던 시간이었음을, 그 시간만큼은 나의 모든 시선이 하나님 아버지를 향하여 있었음을 회상해 보니 참으로 그것도 감사가 아닐 수 없다.

내 마음과 내 뜻대로 되지 않아도 불평하지 말고 열심히 주어진 삶을 믿음으로 살다 보면 하나님 아버지의 계획대로 살아지고 있을 것을 기대해본다. 그것이 아마도 가장 귀하고 값진 아버지의 선물임을 깨달아 그때는 믿음으로 속이 꽉 찬 아버지의 딸이 되어있을 것이다.

그렇게 몇 달을 책 한 권을 붙잡고 이쁜 딸인 작은 아이 옆에서 뒤에서 그렇게 열람실을 같이 따라다니며 열심히 공부하였다.

새벽마다 얼마나 열심히 했는가!!

"하나님 아버지! 성경고사 끝날 때까지만 새벽기도 쉴 게요." 라며 당당한 명분을 내세우며 새벽에 교회 가지 않을 것을 고했다.

성경고사 준비에 사단이 이런저런 모양으로 얼마나 방해를 하는지 그렇지만 지금까지 잘 감당할 수 있었고 이제 최종 점검해 볼 수 있는 2주하고 며칠을 더 남겨두게 되었다.

그런데 급기야 얌전한 작은애 이쁜 딸이 학교에서 넘어져 무릎 연골이 찢어지고 탈골되는 대형사고가 일어났다. 응급으로 수술을 하고 꼭 2주 동안 병원에 입원하는 일이 발생된 것이다. 처음엔 모두들 아들이 입원한 줄 알고 계시다가 딸이라고 하니까 어떻게 그 얌전한 딸이 넘어졌느냐고들 한다. '그러게요. 성경고사공부 방해하려고 사단이 역사하나 봐요.'라고 내 마음에서는 화가 나서 말하고 있었다.

한주간은 병원에서 잠을 자면서 새벽에 집에 들러 큰애 챙겨주고 급하게 준비하여 교회 출근하는 것이 얼마나 버거운 시간이었는지 모른다. 그것도 모자라 이쁜 딸 주영이는 한창 예민한 여고생인지라 교회에서 일을 하다가도 하루에도 몇 번을 "엄마! 화장실 급해~~" 하고 전화가 오면 지체 없이 택시로 버스로 달려가는 것은 세상에 딸을 가진 엄마뿐일 것이다.

한주가 지나고 며칠이 더 지나 이제 혼자서 조금씩 움직일 수 있을 때가 되어 아픈 딸을 병원에서 혼자 자라하고 나는 늦은 밤에 집으로 돌아와 새벽에 일어나 성경고사 막바지를 준비하는 시간을 갖었다.

아침 일찍 병원에 들러 아픈 딸 얼굴 한 번 보고 교회로 출근하는 시간도 뭐 별반 차이 없이 버거운 것은 사실이지만 그래도 성경고사를 마음껏 준비해 볼 수 있어서 감사했고 작은딸에게는 미안했다.

여러 가지 일들이 그렇게 방해를 하고 있었지만 그럼에도 끝까지 성경고사 준비를 잘할 수 있음에 감사할 수 있었다.

드디어 시험일이 되어 고사 장소로 향하여 가는 발걸음이 참으로 설레고 상쾌했다.

성경고사 장소에서 간신이 내 수험번호 자리를 찾아 앉아 한숨을 돌리며 둘러보니 초등학교 1학년부터 장년부에 이르기까지 수백 명이 넘는 남녀노소가 그 큰 교회 본당을 채우고 중 2, 3층을 가득 메우고 있었다. 그야말로 예수님의 마지막 성찬 그림처럼 위대한 한 폭에 그림 같았다.

나라는 작은 성도가 이런 귀한 곳에 있음에 감사할 뿐이다. 뜻 깊은 장소에 있음이 결과에 관계없이 스스로 자랑스럽고 영광스럽고 기뻤다.

시험 문제지를 받아들어 잠깐 훑어보고는 펜을 잡은 손이 떨리기 시작했다. 왜냐하면 모든 문제가 내 머릿속에 있는 것들이었기 때문이다. 답안지에 정말 조심스럽게 체크를 하면서도 '잘못 체크하면 어떡하지!' 하는 괜한 걱정을 하면서 떨리는 오른손을 잠깐잠깐 왼손으로 감싸주었다.

처음부터 끝까지 모든 문제가 책에서 공부하며 암송했던 것들이라 나는 아주 자신 있게 답안지를 감독원에게 제출하고 일찌감치 나왔다.

시험장 교회 내부를 둘러보며 특히나 안내하는 교회 직원들을 먼발치에 서서 한참을 꼼꼼하게 살펴보며 관찰했다.

그 교회 직원의 옷차림, 머리모양, 말하는 모습, 얼굴 표정 등등 눈을 떼지 않고 계속해서 지켜보고 있었다. 급기야 앞에 가서 질문도 해 보았다. 나도 교회 직원이지만 이러한 질문에는 저분들은 어떻게 대답을 하는지 궁금했기에 미안하면서도 조금은 뜻밖에 질문을 해 볼 수 있는 기회를 잃지 않고 챙겨왔다.

그렇게 교회 내부를 돌아보다 밖으로 나와 모처럼 도심 속을 걸어보는 기회가 있어 감사했다. 1월에 차가운 공기가 내 뺨을 스쳐감이 얼마나 상쾌한지 발걸음도 가벼웠다. 근처에 커피 집에서 커피도 한잔 주문하여 들고 걸어보는 이 중후함이 얼마나 큰 호사인지 마냥 걷고 싶음을 자중하며 서둘러 몸 된 교회로 돌아왔다.

'만점이면 어떡하지 만점인 거 같은데…'

당연히 등수 안에 있을 거란 기대를 오늘 하루 종일 수없이 했는데 그런데 상장수여시간이 지나가는데도 연락이 없었다.

나는 그쪽에 관계된 한 집사님에게 부탁하여 궁금한 상황을 물어보니 나는 뜻밖에도 등수 안에 없었다. 그리고 응시한 문제집과 답안을 메일로 받아 확인해 볼 수 있었다.

모든 50개항 문제는 난이도가 다르기에 점수가 문제마다 달랐다. 확인 결과 가장 큰 점수 두 문제를 웬일인지 바꾸어서 답안을 체크했으며 점수가 작은 두 문제도 문제 설명에 이해를 달리해서 결국 4문제가 확실하게 틀린 것이 확인이 되었다. 답안지랑 문제지를 모두 제출을 하였기에 더 많은 문제가 틀렸을지도 모를 일이다.

어쨌든 점수가 90점이 안 되었기에 내 예상대로 전국대회 등수에 들어가는 것은 사실상 틀린 것이었다. 순간 실수해버린 내 마음은 여고시절 망쳐버린 학기말시험 후에 그것처럼 아무 말도 하기 싫은 감정이었다.

저녁이 다 지난 후까지도 이 감정을 어찌하지 못하고 있었다. 혼자 머리까지 이불을 뒤집어쓰고 있으니 나도 모르게 공부하던 모습들이 떠오르면서 눈물이 났다.

"하나님 아버지!
꼭 상을 받고 싶었는데요. 그래서 많은 성도들에게 이러한 고사가 있음을 알리고 싶었고 도전해볼 수 있도록 동기부여도 하고 싶었는데요. 그리고 우리 교회 이름을 한 번 더 그 큰 교회에서 호명받아 자랑하고 싶었는데요."

애써 그렇게 나의 마음을 하나님 아버지 앞에 토해내자 더욱더 굵은 눈물을 뜨겁게 한참을 흘렸다.

지금까지 해마다 같은 기도 제목을 가지고 성경공부하며 고사에 도전하고 있지만 역시 쉽지 않다. 주변에 나의 가까운 친구들은 "아니 그걸 왜 하냐"고 농담처럼 말을 던지는데 은근 자부심도 있는 것이 사실이다. 한편으론 '상 받을 때까지 해볼 테다.' 하는 오기를 가져본다.

"하나님 아버지!
이젠 암기도 어렵고 밤을 지새우며 책 보는 것도 어려움이 많아요. 이번이 마지막 도전이 되길 바랍니다. 여태 했는데 상은 한 번 받아봐야 되잖아요. 이번에는 꼭 큰 상 받을 수 있도록 도와주세요."

어린아이처럼 내 입장으로만 이렇게 기도를 한다.

금년 교재도 년 초에 벌써 준비를 해두고는 있지만 처음 시작할 때와는 다르게 열정이 식었을까 아님 자신감을 잃었을까 설레임이 부족함을 느껴본다. 뭔가 동기부여가 필요함을 느껴보지만 이러함을 함께 나눌 가족도 친구도 사실 옆에 없는 것도 사실이다. 말을 해본들 "그걸 뭐하려 하냐"는 핀잔만 들을 것을 잘 앎일게다.

우리 이쁜 딸 주영에게는 "대학 졸업할 때 담임목사님께 손수 디자인하고 바느질해서 옷 한 벌 해 드리면 얼마나 기뻐하시겠니?"

하면서 지금까지 기도해 주시고 좋은 말씀으로 인도해주심에 감사 드릴 방법을 나눈 적이 있는데 나 역시도 똑같이 담임목사님께 기쁨을 드릴 방법임을 모르지 않기에 꼭 해내고 싶은 마음이다.

당신의 마음

가을이여서인가
아니면
내 마음속에 마음이 빈약하여서인가
요즘 들어서 당신 생각이 많이 나요

자녀답기가
또 부모의 역할이
또 어른으로서
또한 당신의 사람으로

이렇게 해야 할 책임들은 많은데
하루하루가 고단하고 지쳐만 가요

그래도 살아볼만한 삶이라 기대를 하면서
또 인정해보면서 잠잠히 버티어 봐요

그럼에도
많이 행복한 것은
아주 오래전부터
같은 마음으로
서로 바라보며 당신에 일들을 할 수 있음이고

또 앞으로도 서로 의지해보며

힘을 내야 할 당신에 사람들이 많이 있음이겠지요

그렇게 당신 앞에 가기까지

답답하고 미련 맞아 보일지라도

주어진 삶을

불평을 아끼며 살아가야 됨을 모르지 않아요

그것이 당신의 바람임을 너무 잘 알면서도

오늘 하루는 많이 힘들었다고

당신께만 속삭이고 싶었어요

(김명란 시집 중에서)

나를 고치시는 하나님 3

엄마! 오늘은 병원에 좀 가봐

"아이구! 다리야."

"하나님 아버지! 다리가 정말 이렇게 아플 수가 없어요." 소리를 지르며 나는 오늘도 신호등 앞에서 또 쪼그리고 앉아 천천히 신호등이 바뀌길 바라며 기다린다. '그래, 이번 주 월요일 쉬는 날에는 꼭 병원에 가봐야지.' 하며 몇 달을 미뤄온 것을 또 다짐해본다. 내 딴엔 교회에 급한 일들이 항상 우선이었고 다행히도 이달에는 우리 전도회 김치사업만이 큰 일로 남아 있음을 오늘 낮에도 책상 옆 다이어리를 뒤적이며 확인을 했다.

"엄마! 나 큰일 났어. 어제 밤늦게까지 공부한 시험지를 두고 왔어. 방과 후 수업에 제출해야 되는데, 오늘까지래. 엄마가 가져다 줄 수 있어?"

이런 부탁이 여태 처음이라 마음으로는 거절해야 되나 아님 학교로 가져다 줘야 되나 망설였지만 이미 몸은 가져다 줄 행동을 하고 있었다.

"알았어. 그래 그 시간까지 거기에서 기다려."

약속시간이 한 시간밖에 남아있지 않았다. 자녀를 학교에 보내는 학부모 입장에서 학교에 간다는 자체가 큰일인 나였다. 다행히 늦지 않게 가져다 줄 수 있었다.

"엄마! 좀 꾸몄네. 이쁘다. 우리 담임선생님 안 만나고 그냥 갈 거야? 만나고 가!"
"오늘은 그냥 갈게, 뭐 할 말도 사실 없고 좀 어렵네."
"알았어. 조심해서 가. 오늘 엄마 쉬는 날인데 병원에 좀 가봐. 매일 아프다고만 하지 말고."

기분 좋은 걱정소리를 들으며 학교 교문을 나섰다. 순간 어디를 가야되나 갈 바를 잊은 듯 혼란을 느꼈다. 그래 나온 김에 병원에 한번 가봐야겠다.

태어나서 이렇게 꼼꼼하게 여러 가지 신기한 검사를 받으니 큰 호강이라도 누리는 듯 기분이 설레었다. 걱정하던 허리에 문제가 있음은 놀랄 일이 아니었다. 더 큰 놀람은 생각도 못한 큰 질병의 발견이었다. 허리 위에 가슴 위 등 쪽에 디스크 뼈 중 하나가 기형으로 크게 자라나 척추신경관을 누르고 있음이었다. 이상할 정도로 여태 아무런 통증도 그 어떤 증상도 전혀 없었다.
전문의 선생님의 자세한 그러면서도 위급하게 수술은 불가피 해야 된다는 설명을 혼자 들으면서 당장 입원수속을 밟지 않을 수가 없었다.

　아무에게도 민폐가 되지 않는 직원으로서의 교회생활과 엄마로서의 가정생활을 계산하며 혼자서 생각하던 통원하며 간단한 약물치료는 고집하기가 어려운 아니 고집해서도 안 되는 것이 되었다.

　수술 전날 서둘러 외출증을 끊어서 교회로 급히 갔다. 급하게 처리해야 할 일들과 또 우선 급한 대로 담당목사님과 관리집사님에게 인수해야 할 업무들을 인계했다. 그리고 잠깐 집으로 달려가 기준이와 주영이에게 편지를 썼다.

"기준아, 주영아! 엄마가 내일 오후에는 수술을 하게 됐어. 수술 후에는 아마도 엄마가 많이 아플 거니까 놀라지들 말고 각자에 포지션 잃지 말고 해야 할 일들 잘하기다. 엄마는 너희들 걱정하지 않고 수술 잘하고 치료 잘 받으면서 너희들 기다리고 있을게."

　하고 병원이름과 병실을 적어두고 냉장고에 붙여뒀다. 집안을 정리하며 급하게 한번 둘러보고 병원에 있을 동안 필요한 물건들을 챙겨 병원으로 갔다.

　수술할 곳이 세군 데로 진단이 내려졌다. 척추 두 군데는 협착증세로 신경관을 넓혀주어 보행 시 다리 저림과 통증들을 치료해 주는 수술이었고, 가슴 뒤에 흉추 한 군데는 기형으로 자라난 뼈를 절단해주는 수술이라고 한다.

　걱정이 되는 부분은 흉추에 뼈가 너무 많이 자라 신경관에 바싹

붙어 있어 절단 시 신경부위가 벗겨질까하는 그래서 신경관이 터져 뇌척수액이 흘러나올까 하는 것이다. 여러 가지 위험들과 그 후에 합병증 또 후유증이 듣기만 해도 답답했지만 그렇다고 피할 길은 없음을 모르지 않았다.

수술준비가 다 되었다. 명순이와 복순이가 미리 와서 마음을 위로해 주었고 서울에서 새언니도 일찍 와서 옆에 있어 주었다. 수술실로 실려 가면서 잡아주는 친구들의 손을 놓으며 왜 그리 눈물이 나는지 마취 전까지도 그렇게 눈물을 소리 없이 흘리니 간호사님이 "괜찮아요. 걱정하지 마세요. 잘 될 거예요." 라며 따뜻한 손길로 눈물을 닦아준다. "마취 들어갑니다."하는 소리를 듣고 두 번 호흡까지만 생각이 난다.

"주님의 뜻을 이루소서. 주님이 나와 함께 함을 만민이 알게 하옵소서."

이렇게 찬양을 부르는 소리가 내 귀에 들렸다. 나는 아마도 이렇게 찬양을 부르며 헛소리를 해대는지 꿈을 꾸는지 정확하게 알 수 없지만 아무튼 이러면서 전신마취에서 깨어나 의식을 찾아가는 것을 느꼈다.

의식을 찾아가면서 어디가 아픈지도 모를 만큼 심한 통증이 왔다. 수술 후 시트 하나에 나의 몸을 실어 수술 전과 같이 몇 가지 검사를 한다. 나는 신음하면서 너무 아프니까 제발 나에게 아무것도 하지 않기를 부탁해 보지만 의사 선생님들은 아랑곳하지 않고 검사를 위해 나를 들었다 놓았다를 반복한다.

돌아가신 엄마가 떠오른다. '엄마도 이렇게 아프셨겠구나! 표현도 못하는, 어디가 아픈지도 모르는 통증을 겪으셨구나!' 하는 생각을 하니 소리 없는 뜨거운 눈물만 흐른다.

수술은 깨끗하게 잘 되었다고 한다. 크게 걱정하던 신경막도 벗겨지지 않고 신경관도 터지지 않아 참으로 다행이라고 했다. 6시간 걸렸단다.

친구들은 모두 돌아가고, 집사님 몇 분이 수술실 앞을 기도하며 다녀가시고 나올 시간이 한참을 지났는데도 나오지 않아 새언니 혼자서 마음을 졸이며 애를 태우고 계셨다.

집중치료실로 옮겨왔다. 당연히 알지도 못하는 수액들이 주렁주렁 매달려 내 혈관에 연결되어 있어 내 몸은 움직이기가 어려웠다.

그런 엄마에게 다가오지도 못하고 작은딸 주영이는 훌쩍이며 "엄마~ 괜찮아?" 하며 울고 있고, 무뚝뚝한 큰아들 기준이는 한마디도 못하고 엄마가 어찌 될까 봐 눈을 크게 뜨고 쳐다 만 보고 있다.

나는 통증이 너무 심하고 입은 바싹 말라붙어 버렸는데도 내 새끼들이 눈앞에 보여짐이 목이 매도록 감사했다. "엄마 괜찮으니까 울지 마. 엄마 수술 잘 된 것 봤으니까 이제 집에 가서 밥 챙겨 먹고 내일 학교들 갈 준비 해야지."라고 속삭이듯 아주 작은 소리로 내쫓다시피 아이들을 집으로 보냈다.

하나님 어디 계세요? 너무 아파요

"하나님 아버지!
아~~너무 아파요. 어디가 아픈지도 모르겠어요. 몸을 움직일 수가 없어요. 그 어디 보다 양쪽 골반과 아랫배 주위를 옷자락을 스치지도 못할 정도로 심하게 통증이 와요. 하나님 아버지 어떡해요."

마음속으로 기도하면서 눈물만 흘리니 간호사님이 진통제를 엉덩이에 놓아 준다. 이렇게 서너 시간마다 진통제 맞기를 반복하면서 잠깐씩 통증이 없을 때마다 식은땀을 흘리며 잠을 잤다.
통증이 심했는지 또 잠에서 깼다. 밤이 깊어 몇 시 인지도 모르겠는데 남편이 내 옆에서 기도를 하고 있다. 나의 신음소리에 고개를 들면서 수술받느라고 고생했다며 일찍 오지 못해서 미안하다고 한다.
진통제를 맞으면서 나는 또 깊은 잠으로 빠져들었다. 아마도 내 생각엔 너무 아프니까 잠이라도 자라고 수면제를 같이 처방했나 싶다.

하루가 지나니 이제는 좀 참을 만 해진다. 여전히 무통주사가 계속해서 혈관을 타고 들어가고 있다. 아주 조금씩 물을 마실 수 있고, 아침이 되니 죽이 아침식사로 나왔다. 마음처럼 물도 죽도 먹어지지 않았다.

친정 엄마와 아빠 두 분에 임종까지 간호를 해 본 새언니의 경력 있는 간호 덕분이여서일까 수시로 거즈에 물을 적셔 입안과 입 주위를 적셔주고, 숟가락으로 몇 번씩 나누어 내 입에 죽 한 공기를 모두 먹여주었다. 물수건으로 나의 얼굴과 손발을 닦아 주고 로션을 발라주면서 "아가씨! 애들 생각해서라도 먹기 싫어도 먹고, 정신을 차리세요."라고 해주는 말이 눈물이 나도록 고맙고 고마웠다.

나중에 남편에 말을 듣고 같이 웃음으로 넘겼는데, 남편은 수술하던 날 지방에서 급한 일들을 정리하고 늦은 밤중에서야 병원에 도착하였는데 병실로 들어오기 위해 병원 관계자와의 다툼이 있었단다.

병원관계자에게 사정과 설명을 해도 들여보내주지를 않으니 나중에는 급기야 험한 말도 오갔단다. 간신이 병실을 찾아와서 나의 몸을 보니 얼마나 놀라고 가슴이 아팠는지 그러면서 또다시 미안하다고 말을 한다.

여러 사람들을 힘들게 하나 싶은 마음이 미안하면서도 고맙고 든든한 울타리가 있음이 참으로 감사했다.

지극정성인 새언니의 간호로 조금씩 회복을 해갔다. 처음에 감각이 없던 몸도 아주 조금씩 반응을 보였다. 신경을 누르던 뼈를 절단함으로 신경이 원래의 모습으로 펴지면서 나타나는 증세가 왼쪽 다리와 왼쪽팔의 마비증세로 무감각이었다. 이미 수술 전에 상담을 통해 들어서 알고 있음에도 감각이 없고 힘이 없는 왼쪽 몸이 참으로 당황스러웠다.

며칠이 지나 휠체어를 타고 재활 치료하는 곳으로 찾아갔다. 처음으로 접해보는 신기한 모습들이 눈에 들어왔다. 우리가 일상생활에서 아무 생각 없이 당연히 누구나 다 하는 행동들을 회복하기 위한 운동들이었고 그 운동들을 하고 있었다.

똑바로 걷기 위해 그려진 선을 뒤뚱거리면서 한 발 한 발 걸어보는 사람, 손발을 움직이기 위해 힘을 다해 애쓰는 사람, 여러 모양으로 운동하는 모습들이었다.

나는 왼쪽의 마비증세로 인해 처음 단계가 기구를 잡고 앞을 똑바로 보면서 그냥 서 있는 운동을 한다.

이런 것을 뭐 운동이라고 하나 싶은 생각을 혼자 속으로 했는데 재활치료 선생님은 나의 허리와 엉덩이를 기구벨트에 고정시켜 넘어지거나 주저앉지 않도록 매어 놓고 왼쪽 다리에 힘을 주면서 얼마나 서 있을 수 있는지 모르지만 우선 서 있어 보란다.

나는 5분도 못되어 식은땀이 나고 급기야 구토 증세까지 와서 더 이상은 서 있지 못하겠다고 소리를 지르니 당황한 새언니가 와서 땀을 닦아주며 벨트를 풀어 휠체어에 앉을 수 있도록 도와주었다.

나는 이후로 그날 한마디도 하지 않고 투명인간처럼 누워만 있었다. 그 누구도 아닌 내가 나에게 놀란 것이다. 너무도 뜻밖에 상황이 되어버린 나의 몸을 이제야 알아 차렸다.

그런 모든 상황들을 전해들은 나의 담당전문의 선생님은 몇 번이고 "낙심하지 마세요. 낙심은 절대 하지 마세요."라고 격려해 주셨지만 사실 두려웠다.

"하나님 아버지!
 감사합니다. 혼자 간단하게 치료받으려고 했는데 이렇게 아픈 곳을 정확하게 찾아내어 검사받고 치료하여 주셨으니 감사합니다. 더욱이 증세가 없어 큰 화가 되었을 질병의 근원도 발견하여 제거시켜 주셨으니 정말 감사합니다. 감각이 없고 힘이 없는 왼쪽다리와 팔을 긍휼히 여겨 주시어 이전보다 더욱 건강한 육신의 장막이 되게 하시어 하나님 아버지께만 감사하게 하소서. 나와 함께 하시는, 나를 지키시고 보호해 주시는 아버지를 자랑하게 하소서. 가장 소중한 나의 하나님 아버지 감사합니다. 예수님에 이름으로 기도드렸습니다. 아멘."

수술 후 집중치료실에서 일주일 만에 일반 병실로 옮겨왔다. 같은 병실 옆 침대에 누워있는 어르신이 통증이 심한가 보다. 나는 보조기를 조여 매며 허리를 추슬러 옆으로 돌아누워 "으~~쌰" 하면서 일어났다. 나의 보행보호대를 밀어 실룩거리며 다가가서는 통증이 심하다는 무릎을 잡고 기도했다.

"하나님 아버지!
 이곳이 통증이 심하여 이렇게 고통스러워하고 있어요. 성령 하나님! 이곳을 만져 주소서 통증이 사라질 수 있도록 도와주소서."

그렇게 기도를 하고 아프다는 곳을 만져 주니 이 어르신이 고맙다고 인사를 한다. 기도해 줄 수 있는 믿음을 주시니 나도 하나님 아버지께 감사했다. 이렇게 병실에 있는 한 분 한 분을 통증으로 신음하고 있을 때마다 그곳에 손을 얹고 기도하는 믿음의 모습이 참으로 감사했다.

이른 새벽에 조용히 일어나 침대에 걸터앉아 하루를 감사하며 교직원 예배드릴 때와 다름없이 교회와 담임목사님 또 여러 질병과 여러 문제로 힘들어하는 지체들을 떠올리며 그들을 위하여 기도함이 참으로 감사하다.

병실에서의 TV 소리, 병문안 오시는 여러 사람들 등등이 나의 독서와 글쓰기에 전혀 걸림 없이 참으로 힘이 있는 시간을 보내게 되니 은혜 중에 은혜였다. 처음엔 이상히 여기던 병실 식구들도 이제는 편안히 나의 모습을 낯설어 하지 않고 믿음의 모습을 지켜보며 존중해 주는 모습이 참으로 감사했다.

우리 교회를 자랑하고 알리고 우리 담임목사님을 존경하고 자랑하는 나의 모습을 보이면서 퇴원하면 꼭 한번 우리 교회에 와서 우리 담임목사님 설교 한 번만 들어보라고 전도하는 나의 모습이 스스로도 대견하여 감사했다.

"참 좋으신 하나님 아버지!
귀한 쉼을 갖게 하시니 감사드립니다. 지금까지 살아오면서 이렇게 푹 잠을 자고 또 회복과정에서 혹 식은땀이었을 것인데 땀을 흘리고 나면 몸이 얼마나 가볍고 시원한지 이해할 수가 없어요. 이렇게 쉬어가는 시간과 뒤돌아보는 시간을 주시니 감사드립니다. 시간 시간 갖가지 맛난 것을 들고 와 기도해 주며 손을 잡아주는 믿음의 식구들로 인해 외롭게 하지 않으심도 감사드립니다. 밤낮으로 저를 위해 기도해 주시는 모든 교회 식구들과 믿음의 지체들, 이 모든 주의 사람들을 축복하여 주시기를 원합니다. 그리고 하나님 아버지! 이제는 교회에 가고 싶어요. 이젠 집에도 가고 싶어요. 아직 발걸음도 불안하고 수술부위도 완치되지 못하고 있어요. 하나님 아버지! 저는 알 수 없지만 고쳐져야 되는 모든 곳을 성령 하나님이 만져 주시어 속히 회복되고 왼쪽다리와 팔도 힘이 꽉 채워지게 하시어 이제는 교회로 집으로 수일 내에 걸어서 돌아갈 수 있도록 은혜를 허락해 주세요. 우리 교회에 가서 너무나도 예배를 드리고 싶어요. 예수님에 이름으로 기도드렸습니다. 아멘."

이렇게 간절하게 새벽마다, 생각날 때마다, 저녁에도 밤에도 기도를 했다.

왜 내 옆에는 맨날 아무도 없는 거예요?

"선생님! 저 언제쯤 퇴원할 수 있어요?"

내 질문에 이런저런 대답은 않고 다른 말씀만 하신다.

"그냥 운동 열심히 하시고 기도 열심히 하세요."
"네? 네 알겠어요. 그런데 제가 기도하는 사람인 줄은 어떻게 아세요? 선생님도 교회 다니세요?"

선생님은 그냥 웃고만 병실 문을 나가신다.
말씀대로 나는 정말 열심히 운동을 했다. 처음에는 나에게 힘든 동작들이었는데 반복하다 보니 수월해짐을 느꼈다. 모두가 다리에 힘을 키우는 동작들이었다.
병원 사람들도 놀라워하는 모습으로 나의 몸은 빨리 회복되어져 갔다. 나의 수술을 집도한 전문의 선생님도 놀랍고 기쁘신가 보다. 매일 아침저녁으로 회진 돌 때마다 "좀 어떠세요?"가 아니라 병실에서도 할 수 있는 간단한 운동, 동작들을 하나씩 알려주셨다.

병원에서는 한주 간 더 지켜보면서 다른 운동을 더해 보자고 했지만 나는 끝내 수술 2주 만에 퇴원을 결정했다.

전문의 선생님은 조심해야 될 사항들을 꼼꼼하게 체크해 주면서 정해진 날짜에는 무슨 일이 있어도 병원에 와서 물리치료와 외래진료를 받아야 한다고 하셨다. 나는 절뚝거리긴 했지만 걸어서 퇴원을 했다. 혼자 생각에 '아니, 나는 허리와 척추를 수술 한 사람인데 왜 그곳은 아무렇지도 않고 다리를 저는 거야. 참으로 희한하네.' 하면서 혼자 웃기도 했다.

현관문을 여는 순간 우리 집이 이렇게 아름답고 좋을 수가 없었다. 너무나도 평안한 천국으로 느껴졌다. 우리 기준이와 주영이가 눈에 띄게 얼굴빛이 환해지고 집밖을 드나들면서 "엄마~~" 하는 목소리가 얼마나 크고 힘이 있는지 엄마인 나는 모든 것을 다 알고 느낄 수 있었다.

그렇게 수술 후 2주 만에 나의 고집대로 퇴원을 한 후 이튿날 출근 준비와 집안도 정리할 겸 하루 더 쉬고 다음날부터 출근을 약속했다.

아침부터 얼마나 장맛비가 세차게 내리는지 당황하지 않을 수 없었다. 아직 걸음도 똑바로 걷지 못하는데 교회에 가고자 하는 마음이 설렘보다 어찌 가야 할지 걱정이 태산 같았다.

큰아들 기준이에게 부탁을 해서 학교 갈 때 엄마랑 같이 가자고 했다. 무뚝뚝한 아들이 가방을 들어주고 우산 하나로 같이 쓰고 아들 손을 꼭 잡고 걸으니 절뚝거리는 걸음이면서도 행복했다.

조심스럽게 대해주는 아들의 손길과 눈길도 사실 싫지 않아 많이 아프고 불편한 척을 한 것도 사실이다. 그렇게 한 주간을 아들이 보호자가 되어 학교로 교회로 동행을 했다.

결국엔 주일 오후예배를 앞두고 일을 내고 말았다. 식은땀이 나기 시작하더니 구토증세가 심해지기 시작해 잠깐 사무실 옆 빈실로 들어가 그냥 누워버리고 말았다. 온몸이 땀으로 젖어 들어 더는 안 되겠다 싶어 담당목사님께 조퇴해야 됨을 말씀드리고 나는 급하게 귀가를 준비하는데 (지금은 시무장로님으로 세움 받아 최선을 다하여 교회를 섬기시는) 재정부에 임봉업 집사님이 사무실에 볼일이 있어 오셨다가 나의 얼굴을 보시고는 깜짝 놀라셨다.

사정을 말씀드리니 집에까지 태워다 주시겠다고 하신다. 나는 너무 힘이 들어 염치없지만 감사한 마음으로 태워주시는 차를 타고 집을 향했다. 얼굴에서는 식은땀이 쉼 없이 나고 병원 응급실이 아닌 집으로 가고자 고집을 부렸다. 사실 조용한 가운데 빨리 눕고만 싶은 마음이 간절했기 때문이다. 걱정하는 집사님의 따뜻함을 뒤로하고 집에 와 바로 누워버렸다.

식은땀만큼이나 아니 보다 더 알 수 없는 눈물이 났다. 나중엔 하나님을 향해 소리를 지르며 엉엉 울고 말았다.

"하나님!
왜 나는 이렇게 힘들 때마다 아플 때마다 내 옆에는 아무도 없는 거예요? 왜 이렇게 불쌍한 모습만 보이면서, 초라한 형편만 보이면서 살아야 되는지 모르겠어요."

한참을 그렇게 울고 나니 식은땀도 가라앉고 구토증세도 참을만해졌다. 정신을 차리고 병원에 전화를 하니 담당의가 주일이라 없단다. 전화를 끊고 '그래, 내일 아침에 병원에 가자. 지금 가봐야 진통제 맞고 잠만 잘 텐데…' 하는 마음으로 하룻밤을 집에서 잘 넘겼다.

이튿날 병원에 갈 때쯤엔 컨디션이 많이 좋아졌다. 힘들었던 어제 일을 설명을 하니 아무래도 퇴원을 너무 서두른 것 같다고 하면서 진료를 처방해주셨다. 어제만 해도 한 주간 다시 입원을 하라고 하면 바로 할 마음이었는데 오늘은 또 마음이 바뀌었다. 그냥 집에서 한 주간 더 쉬기로 했다.

마음이 통했는지 물리 치료가 끝나갈 무렵 친구 명순이한테서 전화가 왔다. 어제 오늘 일을 이야기를 하며 지금 병원에 와 있다고 하니 한걸음에 달려왔다. 나를 태우고는 무작정 영양탕집으로 가서는 수술 후에는 이만한 음식이 없다면서 약이라 생각하고 많이 먹으란다.

얼마나 아팠으면 낯선 음식에 주저 없이 숟가락이 갔다. 빨리 회복하고 싶은 욕심, 몸이 내 의지대로 되어주지 않는 속상함이 한 그릇 다 먹고 나면 건강하게 회복될 것만 같아 사실 맛도 모르고 땀을 흘려가며 뜨거운 국물까지 다 먹었다. 못 먹으면 어쩌나 걱정했는데 잘 먹는 것을 보고 집에서도 먹으라고 포장주문까지 더 해준다.

'고맙다. 너의 깊은 마음 잊지 않을게.' 마음으로 인사하면서 나는 정말 약이라 생각하고 한 주간 집에서 하루에 한 번씩 챙겨 먹었다. 감사하게도 약이 되었는지 몸이 많이 회복됨을 느꼈다.

냉장고에는 먹을 만한 것이 하나도 없어 엄마인 나는 자꾸만 신경이 쓰인다. 집밖으로 다니는 것이 자유롭지 못하고 물건을 전혀 들고 다니지를 못하니 참으로 답답하기만 하다. 그럴 때에 한 집사님이 집으로 찾아오셨다. 밑반찬 몇 가지를 만들어서 또 한 손에는 화장실에 두면서 샤워할 때 앉아서 사용하라고 포장마차에서 볼 수 있는 플라스틱 파란색 네모난 의자를 어디서 구해오셨다.

"세상에 집사님! 어찌 이런 것까지 살펴주세요. 너무너무 감사합니다."

그 의자는 아파본 사람만이 아는 꼭 필요한 물건이며 또 얼마나 깊은 마음이 담긴 선물인지 모른다. 두고두고 오랫동안 사용하면서 섬겨주는 그 은혜에 감사했다.
 이러한 사랑과 배려 속에서도 나의 몸은 더 많은 사랑을 받고 싶은 응석이 있었는가 보다.
 얼굴이 하얗게 일어났다. 겨울에 수분부족으로 버짐이 나듯이 이 한여름에 땀이 나는 이때에 어떻게 얼굴이 이렇게 될 수 있는지 당황스럽다.
 그런데 어찌 알고는 한 집사님이 얼굴에 바르라고 처음 보는 화장품을 손에 쥐어주며 사용하는 방법까지 알려주며 다정하게 말을 한다.

"집사님이 수술하고 몸이 약해져서 그래. 잠자기 전에 더워도 꼭 발라봐. 좋아질 거야"

　또 한 집사님은 남편이 사왔다는 산삼 두 뿌리를 가져오셨다. 태어나서 처음 보는 이름만 듣던 산삼을 눈앞에서 보니 신기했다. 아침 공복에 잎사귀까지 꼭꼭 다 씹어 먹으라고 방법까지 알려주면서 그리고 빨리 회복하라고 격려해주고는 가셨다. 사실 염치없지만 빨리 회복하고 싶은 마음에 다 받아서 사용하고 또 알려준 대로 먹었다.

　그 후로도 계속하여 하나님이 보내주신 여러 천사들의 손길과 보살핌으로 나의 연약한 육신은 후유증하나 없이 건강한 육신으로 회복되어 얼마나 감사한지 나는 그러할 때마다 할 수 있는 것은 하나님 아버지께 감사기도와 보내주신 하나님의 사람들을 위하여 축복기도 하는 것뿐이었다.

　각종 귀한 것들로 마음을 담아 아낌없는 사랑을 베풀어주는 천사들, 나를 위하여 나 한 사람을 위하여 하나님이 보내주신 천사들로 인해 오랫동안 참으로 고맙고 감사했다.

　성경에 하나님이 엘리야 선지자를 시냇가에 숨기시고 아침과 저녁으로 까마귀들을 통하여 떡과 고기를 먹이시어 선지자의 생명을 보존케 해 주신 말씀이 떠오른다. 그 말씀에 묵상이 나의 지금 형편과 꼭 같음이 얼마나 은혜가 되고 감동이 되는지 나와 함께 하시고 나를 지키시고 살게 하시는 나의 아버지를 어떻게 찬양하지 않을 수 있단 말인가. 할렐루야~~

　나 또한 하나님 아버지가 필요로 할 때마다 한 마리 까마귀가 되어 그 역할을 잘 순종해야 됨을 마음에 새겨봄도 참으로 감사하다.

"하나님! 왜 나는 힘들 때마다 아플 때마다 혼자예요? 이렇게 아프고 힘들 때마다 왜 내 옆에는 아무도 없는 거예요?"라고 질러대던 나의 울분과 눈물에 하나님 아버지는 그럴 때마다 안타까움으로 얼마나 마음이 아프셨을까!
"왜 혼자니! 나는 항상 너의 등 뒤에 있잖니. 내 딸아 다시는 혼자라고 울지 말아라. 알았지~~"라고 하시는 하나님 아버지의 음성이 들려온다.

나는 항상 네 등 뒤에 있잖니

　다른 날과 마찬가지로 오늘도 같은 신호등 앞에서 똑같이 신호가 바뀌기를 기다리며 한참을 똑바로 서 있다. 통증이 심해 잠깐이라도 쭈그려 앉지 않으면 견딜 수 없었던 몇 달 전에 나의 모습을 떠올려보면서 나의 하나님 아버지도 함께 떠올려본다.

　마치 어린아이가 엄마 곁에만 있어도 평안하듯이 나도 하나님 아버지로 인하여 마음 깊숙이 평안하니 그저 감사할 뿐이다.

　태평하게 일상을 살다가 어느 날 갑자기 넘어지거나 기형으로 자라는 뼈가 조금만 더 자라나 수술을 해도 후유증을 막을 수 없는 나의 현실이 되었을 삶을 하나님 아버지는 막아주셨다. 한쪽 다리와 한쪽 팔이 마비가 되어 신경 감각이 없음을 경험하고 내 의지대로 움직일 수 없음을 경험한 나는 하나님 아버지가 나를 눈동자같이 지키심을 다시금 깨달았다.

　오늘따라 저녁노을이 참으로 근사하다. 오랫동안 멀리 하늘을 바라보는 나의 마음은 여전히 하나님 아버지를 향하여 묵상해 본다. 하나님 아버지의 도움에 손길이었음을 왜 매번 지나놓고 나서야 깨닫게 되고 뒤늦게 서야 감사하는지…

'그래. 그래서 나는 영락없는 아버지의 딸인 거야.'라고 혼자 인정해 본다. 그러면서 또 나는 아버지의 도움이 아니면, 눈동자같이 지켜 보호받지 않으면 아무것도 아닌 존재임을 고백한다.

결혼할 당시 칠순이시던 권사님, 그 시어머님이 막내며느리인 내게 결혼선물로 주신 것이 있다. 성경책과 성경말씀이 들어 있는 성구 한 구절 그리고 큰 십자가!!
그 성경말씀이 우리 가정에 나침판이 되어주길 바라는 마음이 연약한 믿음 가운데에서도 늘 있었으며, 많은 것 가운데 이것을 선물로 주신 어머님의 마음을 이제야 사실 조금씩 깨닫는다.
이사를 다닐 때마다 항상 거실 중앙 벽에 걸어두는 십자가와 "나의 힘이 되신 여호와여 내가 주를 사랑 하나이다"라는 성구 말씀은 오래전부터 나의 생활신앙고백이 되었다. 변함없이 한결같이 주님을 사랑하고 주님한테 사랑받는 삶 그것이 나의 생활신앙이 되었다. 그리고 그것이 나의 한결같은 생활이 되기를 오늘도 소망한다.
또한 "믿음은 바라는 것들의 실상이요 보이지 않는 것들의 증거"라는 말씀은 나의 믿음의 고백이다. 나는 믿음으로 바라는 것들이 참으로 많다. 이러한 바람이 나의 눈앞에 모두 현실이 되어 보여 질 것을 기대하며 기다리는 삶이 내가 살아내야 할 삶임을, 그것이 축복임을 잘 알고 있기에 앞으로 살아가면서 또 힘들다 싶으면 믿음으로 정신을 차리고 내 마음에게 이 말씀으로 응원하며 씩씩하게 파이팅을 외쳐볼 것이다.

당신의 자녀라는 삶이

한치 앞도 가늠할 수 없는 삶임을
이럼에도
당신께서는
당신의 방법대로 살게 하실 것임을 압니다.

지키고 책임을 다해야 할 자녀들
또 함께 걸어와 준 이의 마음을 더는 아프게 하면 안 되는 기본 양심들
또한 당신의 자녀라는 삶이

그래서 나는
당신을 향하여
잘되어지기를 바라며
축복하는 마음이 앞서기를 바라며
그렇게
당신의 방법을 기다리며 묵묵히 살아갑니다.

오늘도 나는
주저 없이
그것을 선택했습니다.
(김명란 시집 중에서)

나를
기대하게
하시는
하나님

4

하나님 아버지도 잘 아시잖아요?

"김명란이니?"

시어머님이 좋아하시는 것을 나는 이제 제법 잘 아는 며느리가 되었나 보다. 올해도 마찬가지로 우리 교회 바자회 명품인 쑥개떡을 넉넉히 사서 냉동실에 보관하던 것과 며칠 전에 알맞게 익힌 알타리 김치 등 이것저것 남편을 통해 보내드린 보따리를 풀어보시고 고맙다는 인사를 하시려고 이른 아침 전화를 하신 우리 시어머니의 목소리이다.

결혼해서는 "아가야~" 하시던 분이 큰애를 낳고부터는 "기준 애미야~" 하시고 이제 아흔이 넘어서부터는 웬일인지 부르는 호칭이 이렇다.

고맙다는 인사를 하시려고 전화를 해서도 또 당신의 용건이 있으셔서 전화를 하셔도 한결같이 꼭 "김명란이니?" 하고 확인을 하신다. 처음에는 '잘못 부르셨나' 해서 속으로 혼자 웃으면서 "네~~"하고 대답을 했는데 지금도 여전히 이렇게 부르고 계신다.

거기다 목소리를 밝히 듣지 못하셔서 핸드폰에다 대시고 소리를 지르신다. 나도 "네~ 김명란 맞아요!" 하고 소리를 지르며 대답을 하곤 한다.

당신의 용건을 모두 확인하시고 나면 기준이와 주영이가 교회를 잘 다니고 있는지 반드시 확인을 하시고는 전화를 끊으신다.

기준 애미에서 왜 김명란으로 호칭을 바꾸셨는지 궁금하지만 아직 여쭈어보지 못했다. 아마도 이제는 전화 목소리로는 누가 누구인지를 가늠하기가 어려울 수도 있겠다 싶다. 그래서 지혜로운 우리 어머님만의 방법일지도 모르겠다 싶은 것이 나의 생각이며 추측이다.

몇 해가 더 지나면 백세가 되신다. 지금도 가끔 찾아뵙고 인사를 드리면 꼭 앞에 앉혀 놓고 기준이와 주영이까지 축복기도를 해 주신다. 식구들이 모두 모여 식사를 할 때에도 대표기도는 우리 어머님의 몫이다. 때로는 기도가 길어서 식은 밥을 먹어야 되고 정성스럽게 차린 밥상이, 모처럼 준비한 분위기가 싸늘해 질 때가 아주 많다. 믿음의 아들이건 믿지 않는 아들이건 모두가 싫어하심을 아시는 당신은 조심을 한다고 하시면서도 그것이 어찌 마음대로 되겠는가.

결혼해서 처음에는 별스럽지 않게 나 또한 고부간에 갈등이 있었을 것이다. 그럼에도 그것이 사랑하는 방법이셨음을 살면서 조금씩 알게 되었지만 그 당시에는 별 말씀도 아닌 것들로도 참 많이 힘들었던 것이 사실이다.

특히 이 소리는 정말 듣기가 힘들었는데… 아이가 생기지 않는다고 얼마나 걱정을 하셨는지 그것이 또한 새벽마다 기도하시는 기도제목이셨을 것임을 이제야 짐작을 한다.

그러다 기도하시던 임신소식에 무뚝뚝한 성향이심에도 입덧이 심해 아무것도 먹지 못하는데 오렌지는 먹는다는 소리를 들으시고는 그것을 한 소쿠리 담아 현관 앞에 놓아두셨던 어머님의 사랑을 이제는 나뿐만 아니라 기준이도 알게 할 것이다.

2016년 임직가택에서 나는 권사임직 후보였는데 사임을 하였다. 아니 솔직히 말하면 하나님께 잘렸다는 것이 더욱 정확하다. 나는 나 자신을 너무도 잘 알고 있다. 하나님 아버지가 정확하게 분명하게 보고 계셨음을 인정하지 않을 수 없다. 이로 인해 그러한 나 자신이 안타까워 혼자서 참으로 많은 눈물을 흘렸다. 나 자신이 그릇이 아니라는 것을 잘 알면서도 사실은 이번 가택에서 나는 꼭 권사가 되고 싶었다. 왜냐하면 우리 친정집에는 권사도 안수집사도 장로도 없다. 목사님이나 전도사님 같은 분은 더더욱 없다. 감사하게도 뒤늦게 가족들이 모두 하나님을 믿으며 사는 삶이기는 하지만 권사와 장로 직분자들은 없다.

그래서 나는 우리 자녀들을 놓고 우리 가정에 후손을 놓고 이를 위하여 기도한다. 목사님도 세워주시고 교회를 위하여 헌신하는 장로님도 세워달라고 기도할 때마다 얼마나 주체 못할 눈물이 흘러넘치는지 모른다. 그러한 직분 있는 집안을 믿음으로 그려 볼 때마다 큰 행복으로, 큰 기쁨으로 얼마나 몸이 떨렸는지 모른다.

연약하고 볼품없는 주님의 딸이지만 그럼에도 불구하고 믿음으로 집안에 본이 되며 기도하는 신앙인으로 참다운 중심이 되고자 하는 마음의 욕심을 내었다. 또 한편으로는 당시 93세 되신 시어머님께 당신의 막내며느리도 어머니를 이어 권사가 되었음을, 그 기쁨을 선물로 드리고 싶음도 꽤 많았다.

사실 며느리가 넷이나 되는데도 막내인 나 혼자만 교회를 다니는 것이 참으로 마음 아프셨을 것이다. 그로 인해 사실 어머님의 남다른 사랑도 많이 있었다.

어머님이 쌓아 오신 간절한 모든 기도가 우리 가정과 자녀들에게 고스란히 복이 되어 응답되어질 것을 나는 확신한다. 형제 중에 아무도 어머님의 그 기도에 능력을 믿는 사람이, 그 거룩한 축복을 욕심내는 가족이 한사람도 없음을 나는 잘 알기 때문이다.

나 혼자만 기도에 능력을 믿으며 그 축복을 욕심을 내고 있다. 나누어 주고 싶어도 나눌 분이 없으니 당연히 우리 가정과 자녀에 것이 아니고 어디로 가겠는가 싶은 것이다.

언제인가는 권사가 되겠지만 그때는 아마 우리 시어머님은 천국에 가 계실지도 모른다. 직분이 얼마나 귀한지 그 가치를 아는 분만이 기뻐해 주는 것만큼 보람되고 값진 것이 있겠는가. 나의 권사취임을 누구보다 기뻐해주고 자랑스러워 해줄 분이 내 주변에 또 있어지기를 기대해보면서도 생각할수록 부족한 나 자신이 부끄럽다. 그렇지만 하나님 아버지는 정확하시고 분명하시다는 것을 알기에 언약의 성경말씀에 더욱 신뢰를 한다.

이전에 믿음보다도 나는 하나님 아버지를 두려워하는 마음이 있어 힘을 내어 아버지를 경외하여 신실한 삶으로 노력하며, 언약의 말씀만을 신뢰하며 살고자 하는 성장이 있을 것을 나는 나의 믿음을 바라본다.

다윗이 자신은 백향목 궁에 살면서 하나님의 궤는 휘장 밑에 있음을 마음 아파하여 성전건축의 뜻을 나단 선지자에게 전하는 모습만 보고도 하나님 아버지는 감동하셔서 다윗을 크게 축복하여 예수님이 다윗의 후손으로 오시는 기적의 주인공까지 되게 하심을 공부하면서 결과도 중요하지만 동기와 과정까지도 참으로 하나님 아버지는 귀히 여겨주심을 감사하지 않을 수 없었다.

친정을 향한 또 연로하신 시어머님을 생각하는 나의 속마음을 모두 읽어 보고 계시는 하나님 아버지가 얼마나 긍휼히 여겨주실지 나는 감사함으로 찬양드린다.

생각보다도 더 늦게 남들보다 더 늦은 권사 직분자가 될 수도 있겠지만 나는 반드시 바르게 기도하는 한 사람의 권사가 될 것이다. 그 귀한 직분이, 해야 할 일이 무엇인지 그 자리와 위치가 어디인지도 바르게 알고 행할 것이다.

늦은 만큼 더딘 만큼 더 많은 것들을 지금에 나의 자리와 위치에서 보고 배우며 깨닫고 훈련되어져 하나님의 시간표에 맞추어 마침내 감사함으로 잘 감당하는 또 한 명의 권사 직분자가 되리라.

또한 시어머님을 본받아 식탁에서도 자식들의 눈치에 굴하지 않고 기도의 분량을 채우는 어머니가 될 것이며 새끼들의 목소리를 가늠하기 어려울 때가 되면 "전기준이니? 전주영이니?" 하면서 고맙다고 인사할 줄 아는 사랑받는 노인이 되리라.

번제의 삶을 통하여 꿈을 꾼다

　2017년 대한민국의 젊은이들에게 있어서 유행이 되었던 삶 중에 하나가 3포 5포 7포이다. 이것은 포기하는 것에 숫자이다. 결혼을 포기하고 자녀를 포기하고 나의 집을 포기하는 등등 생각해볼수록 안타깝고 참으로 처절한 삶을 살고 있는 이 시대에 희생양인 듯한 젊은이들이라는 생각을 많이 한다.
　어느 선교사님에 말씀에서처럼 세상에서 이러한 것을 포기하지 않으면 여유 있고 편안하게 많은 것들을 누리고 살 수 없기에 결국엔 여유와 편한 것을 선택하는 시대인 것이다.
　결혼생활과 자녀를 양육하는 과정으로 인하여, 또 내 집 장만으로 인하여 많은 고생은 되겠지만 삶 가운데 얼마나 양적, 질적으로 행복한 일들이 풍성하고 많은지 모르지 않을 것이다. 그 가치가 잠시 동안의 편안함과는 차원이 다름도 잘 알 것인데 그럼에도 요즘 시대에 젊은이들은 삶에 아름답고 보람된 것들을 포기하고 당장 편안한 삶을 선택하는 이기적인 것들은 어쩌면 기성세대와는 행복의 가치가 다름일 것이다.

　나는 현대를 살아가는 젊은이들을 보며 많은 깨달음을 갖는다.

가난한 살림에 있어서도 그래도 조금씩은 저금을 하려고 애를 쓰고 어떻게 하면 한 푼이라도 더 모아둘 수 있을까하는 생각은 모든 주부의 마음처럼 나 또한 그랬다.

'그래. 그 몇 푼도 안 되는 저금을 포기하고 그것으로 매일매일 새벽예배 드리면서 일천번제를 드려보자. 또 새벽의 잠을 포기하고 새벽기도의 삶을 선택해보자.' 그러면서 나의 어린 믿음으로도 나의 삶이 양적, 질적으로 엄청난 변화의 삶이 될 것을 바라보았다.

새벽에 기도하는 삶을 통하여 하나님이 기뻐하실 일들이 귀에 들릴 것이고, 그 일들을 감당할 능력을 구할 것이며, 그 일들을 통하여 하나님 아버지가 나의 일들에 간섭하심으로 인하여 나는 평범한 행복이 아닌 그 이상의 기쁨도 맛볼 수 있을 것을 기대했다.

나 역시도 결혼과 함께 지금에 젊은이들과 다름없이 포기하고 미루어 둔 것 중에 하나가 자녀였다. 지금에 와서 뒤돌아보면 그때 잠시 잠깐 모았다는 적은 물질들은 흔적도 없이 모두 사라지고 없으며 감사하게도 뒤늦게 자녀들을 주셔서 지금은 영육이 강건한 자녀로 성장하고 있다.

문득 문득 되돌아보니 그렇게 붙잡아두려고, 더 부풀리려고 욕심 부리던 물질은 흔적도 없이 사라져 기억조차도 희미한데 포기하고 미루어 두었던 하나님이 허락하신 내 아들 딸은 건강하고 아름다운 모습으로 내 옆에 있음을 눈으로 보면서 내게 주어진 삶을 계산만 앞세워 살아내는 것이 아니라 오직 믿음으로 기도하며 말씀을 읽고 그 말씀에 순종하는 삶이 되어야 됨을 더욱 값지게 묵상해 본다.

'그 당시 주셨던 달란트와 기초가 되어줬을 물질도 하나님께 감사하며 드렸더라면 얼마나 나의 삶이 달라져 있을까!'라는 생각을 참으로 여러 번 한 것을 하나님은 아신다.

인격적이고 살아계신 하나님이심을 나는 그렇게 오래도록 예배를 드리는 성도라고 하면서도 나의 하나님 아버지를 너무 많이 모르고 있었다. 지금도 크게 다르지 않다.

하나님 아버지를 소중히 또 귀히 여기고 섬기며 하나님이 기뻐하실 일들을 찾아 행동하면 하나님도 나를 그보다 더한 사랑과 은혜로 갚아주심을 나는 가슴이 아닌 머리로만 알고 있었나 보다.

살아계신 하나님 아버지라고 입술로는 말하면서도 정작 내 삶에 내 앞에 항상 계시는 분으로는 인정하지 못하는 삶을 살아왔다. 나는 그만한 믿음밖에 되지 못하던 성도였다. 그렇기에 하나님을 예배하는 성도이면서도 정작 중요한 일들을 선택하고 결정해야 할 때는 나의 하나님 아버지를 내 심중에 전혀 모시지 않았다는 사실을 안타까운 일이지만 인정한다.

새벽기도의 삶을 통하여 하나님을 향하여 기도하고 아버지의 음성에 귀를 기울이니 이제야 많은 것을 깨닫는다. 하나님 아버지는 나를 이렇게 사랑하시며 그 사랑으로 지금까지 기다려 주셨다는 생각에 머무르니 감사하다는 말도 사실 염치가 없어 창밖 먼 하늘만 바라본다.

이제야 나는 고백한다. 나의 계산대로 계획대로 물질이 모아지고 삶이 살아지면 그것이 어찌 믿음의 인생이겠으며, 하나님이 함께 하시는 자녀의 삶이라고 할 수 있겠는가.

　나의 삶에 주인 되신 하나님 아버지께 향할 수 있는 본능이 내 안에 심어져서 세상에 나온 것이 하나님 아버지의 큰 은혜인 것을 이제야 조금씩 느껴본다. 이러한 순리를 일찍이 깨달은 믿음에 사람들에게서 항상 하나님 아버지의 은혜를 구하며, 항상 함께 하신다는 오직 믿음으로 평안한 삶 됨에 감사하는 모습을 배운다.

　그분께만 머리 숙이는 겸손한 자세이지만, 그럼에도 때로는 정말 감당키 어려운 질병과 예기치 못한 가난이라는 긴 시간표에서도 큰 변화 없이 하나님만을 예배하면서 하나님과 동행하는 예배자로 기도자로 인내하는 삶을 보고 배우면서 믿음이 연약한 나의 모습을 이제야 똑바로 바라본다.

　영광이 가득한 삶이 무엇인지, 진정 믿음으로 승리했다고 하는 삶이 무엇인지를 어렴풋하게 알아가는 나의 모습이 감사하다.

　내가 아는 작은 지식과 방법 안에서 그것을 회복하려고 그것을 해결하려고 얼마나 애쓰고 힘썼는지 결국에는 지칠 대로 지쳐, 쓰러지고 넘어져 온갖 상처로 만신창이가 될 때가 얼마나 많았는가.

　이렇게 영육이 바닥으로 곤두박질을 다하기까지 그 마지막에 하나님 앞에 힘없이 기어가는 것도 모든 이에게 은혜를 베푸시는 공평하신 하나님에 큰 사랑의 본질이심을 나는 오십이 넘은 이제야 깨닫는다. 부끄럽지만 감사하면서도 지나온 수많은 젊은 날들이 아깝기 그지없다.

　하나님의 자녀는 가장 행복하고 평안한 삶으로 믿음의 일들을 하며 그러한 삶으로 하나님께 보여 드릴 때 그 모습을 바라보시는 아버지의 마음도 평안하실 것을 이제는 안다.

행복한 일상으로 아버지의 마음을 평안하게 해드린 후에 하나님 아버지께 영광 돌리는 삶에도 도전해 볼 수 있지 싶다. 나는 내 안에 비춰진 영광이 가득한 성도가 되어 하나님 아버지의 마음을 기쁘게 해 드리고 싶었다.

정말 그랬나 보다. 목사님의 "큰 교회에는 큰 물고기가 반드시 있다"고 하는 말씀대로 큰 그릇, 큰 인물, 큰 일꾼 된 사람이 기준이와 주영이길, 그런 가정이 우리 가정이길 바랐다.

이것이 얼마나 큰 욕심뿐이었는지 이제는 부끄럽고 부끄럽다. 나의 현재 삶의 형편은 하나님 아버지의 마음을 근심으로 가득 채우고도 모자란 모습뿐인데… 이제는 우선순위가 무엇이어야 하는지를 비로소 알았다. 이러한 것을 알게 하신 하나님 아버지는 나를 반드시 내 안에 비춰진 영광이 가득한 삶으로 인도하셔서 영광 받으실 것임을 나는 믿음으로 바라보며 조급함 없이 기다릴 것이다.

나의 삶이 믿음에 모습만 가득하고 진정 기도의 삶이 없는 세상의 욕심만이 가득한 그런 하나의 커다란 욕심덩어리였음을 인정하며 내려놓는다. 그 욕심덩어리로 감히 하나님의 일들에 헌신하겠다고 섬김의 도구가 되겠다고 했으니 당연이 하나님 아버지는 눈길도 주지 않으셨을 것이다.

이제는 얄팍한 신기루 같은 이상을 한숨에 불어 버리고 진짜 하고 싶은 일을 하며, 영육이 편안하고 행복할 수 있는 일을 찾아야 됨을 알게 되어 기쁘다. 그렇게 찾아낸 것으로 나는 감사하며 헌신하고 섬기는 삶을 일궈갈 것을 생각만 해도 기쁘고 또 기쁘다.

새벽이면 일어나는 나의 육신이 감사하고 기쁘다. 맑은 정신으로 나의 온몸이 깨어나 하나님 아버지를 향하여 예배드릴 준비를 하기 때문이다.

새벽마다 드리는 과부의 두 렙 일지언정 일천번제예물이 얼마나 큰 기쁨인지 고백한다. 매일 새벽 성전으로 향하기 전에 책상에 앉아 일천번제감사봉투에 기도제목을 적는 나의 모습이 이 새벽에 드리는 첫 기도이며 감사임을 하나님 아버지는 잘 아실 것이다. 나는 나를 잘 아시는 하나님을 바라보며 같은 시간, 같은 기도 제목을 가지고 습관이 아닌 기도하는 음성으로 헌금봉투에 기도제목을 쓴다.

나의 존재가 얼마나 큰 사랑을 받는 대상인지, 얼마나 큰 축복을 받는 대상인지를 깨달아 감사하게 된 시기가 아마도 온전한 새벽기도의 삶과 일천번제예물 드림의 시작 때일 것이다.

어느 날 새벽에 가나안 혼인잔치에서 하인들에게 여섯 개 돌 항아리에 입구까지 가득 물을 채우라는 말씀으로 설교하시는 가운데 기도의 제목이 크면 클수록 채워야 할 기도의 분량도 더욱 많다는 것을 알고 끝까지 믿음으로 기도하라는 말씀이 나는 참으로 감사했다.

그렇게 그 말씀을 내 믿음 밭에 정성을 들여 심고 새벽기도의 삶과 함께 동행하게 된 것이 뜻밖에도 일천번제이다. 사실 일천번제는 몇 해 전에 기도로 준비 없이 마음만 앞서 시작만 해놓고는 잊어버리고 있었다.

　다시 시작하여 지금은 이렇게 드림의 감사로 가득 채워져 나의 믿음과 정성을 받으신 하나님 아버지는 나에게 내 안에 비춰진 영광이 가득한 삶이 되게 하실 것과 그리 아니하실지라도 또 다른 방법으로 가득가득 채워주심이 반드시 있을 것을 나는 오직 믿음으로 바라본다. 그것이 무엇일지 지금은 전혀 알 수 없지만 기준이와 주영이를 지키시고 성장시켜 가시는 하나님 아버지는 어찌 채워주어야 할지 나의 새벽기도와 일천번제 시작과 함께 고민하고 계셨을 것이다.

　하나님 아버지를 향하여 새벽마다 부르짖으며 또 때로는 속삭이듯이 눈물 흘리며 뿌린 기도의 씨앗들을 결코 버려두지 않을 것을 생각하면 감사하고 또 감사하다.

　일천번제는 작정하지 않으면 사실 중간에 포기하기가 쉽다. 나도 그러함을 한 번 경험을 해본 터라 우선은 기도로 준비해야 됨을 알아 두 주간을 작정하고 온전하게 일천번제를 드릴 수 있기를 위하여 기도하였으며 하루에 한 번씩만 새벽예배를 통하여 우선은 드리기로 결심하였다.

　그리고 한 달을 기준으로 예물과 일천번제헌금봉투에 번호를 적어두고 내 책장 한편에 준비해 두었다. 그렇게 몇 달을 보내고 보니 나중에는 봉투와 준비해둔 예물이 바닥을 보일 때가 되면 기쁨이 배가 되어졌다. 이 기쁨은 드려본 성도만이 알 것이다.

　이번 달도 일천번제와 새벽기도의 삶에 승리할 수 있음에 감사기도 드리며 감사기도제목을 담아 감사예물을 드렸다. 감사는 감사를 낳고 또 더 큰 감사를 낳는다는 것을 분명하게 알게 하신다.

　지금에 와서 생각해 보면 이것도 하나님의 계획하신 은혜이다. 일천번제가 끝날 무렵이면 혼자만 생각하고 있던 교회 직원에 사역을 내려놓을 때이고 그리되면 새로운 사회생활을 시작해야 될 것이고 또 기준이와 주영이의 대학생활 중에 진로를 향하여 고민해야 할 중요한 시기가 될 것이다.

　나는 일찍이 이러한 모든 일들을 새벽기도로 준비하게 되었고 하나님 아버지는 미리부터 가득 채워주시고자 적지 않은 기도의 분량을 채우게 하시기 위하여 그 시기에 일천번제를 작정케 하심이 아니었나 싶을 정도로 정확하게 인도하셨음에 감사드린다.

　그렇게 부족함이 없이 나의 삶을 역사하시고 인도하심에 내가 할 수 있는 일은 뒤늦게 깨달아 감사기도를 올려드리는 것 외에 아무것도 없다. 그러한 일상은 아마도 하나님 아버지 앞에 가기까지 남은 나의 여정이 될 것이다.

　일천번제로 감사예물을 드리는 새벽기도의 삶이 아니었으면 어찌 이러한 지혜로움이, 준비됨이 나에게 있었을까. 하루하루 매일 새벽에 드리는 일천번제 감사예물과 기도의 삶을 통하여 가장 견고하고 은혜롭게 나의 하루 일상을 주관하시는 하나님 아버지를 매일 만남이 내 생애에 가장 큰 축복됨을 감사드린다.

　마음을 다해 준비하여 드리는 일천번제 그리고 매일의 양식을 공급받듯 하루의 중요한 일과를 계획하여 기도로 준비하는 나의 새벽시간들은 하루를 새롭게 시작하는 나의 삶에 매일 밝게 비추이는 등불이 되어 나의 영혼을 지극히 평안하고 형통하게 이끄실 것이다.

기도의 씨앗은 심었니?

　2017년 새해가 시작되면서 새로 편성된 구역식구들과 첫 예배를 드릴 때다. 특히 이번 구역식구들은 하나같이 모두 말로 표현하기 어려운 문제들이 한 가지씩 갖고 있었다. 어찌된 일인지 처음부터 가감 없이 자신의 속내를 드러내며 진솔하게 나누는 나눔이 구역장으로서 버거울 정도로 솔직했다.

　나눔을 통해 올해는 각자가 자신에게 변화된 삶을 기대하며 성실하게 믿음생활을 해보자고 서로의 눈을 마주보며 다짐을 했다. 우선 예배와 기도생활 그리고 과부의 두 렙 일지언정 하나님 아버지가 받으실 만한 예물을 준비하여 드리는 한해가 되도록 최선을 다해보자고 구역장인 나도 힘 있게 목소리를 높였다.

　반드시 하나님이 도와주시고, 최선을 다한 새벽기도의 삶을 통해 우리의 영육이 강하고 담대하게 변화되어질 것을 믿는다. '할 수 있다.'라는 자신감도 이제 곧 견고하게 세워질 것이니 그렇게 열심히 살다보면 올해 12월 마지막 달에는 지금의 모습과는 확연히 뭔가 다른 성장된 모습으로 바뀌어 있을 것을 우리는 서로 다짐하며 확신했다.

지금의 감당하기 어려운 문제에서 멀어져 해결되어져 있는 행복한 모습으로 변화되어 있을 것을 믿고 힘을 내자고 서로를 격려하며 손을 붙잡고 뜨겁게 기도했다.

나눔으로 도전받아 한 분은 행복아카데미에 등록하게 되었고 또 한 분은 새로운 직장을 찾아 생활을 시작하게 되었다.

모두가 쉬운 일들이 아닐 것이다. 새롭게 공부하는 행복아카데미 학생으로서의 삶도 환갑의 나이에 버거울 것이며 새로운 직장생활도 결코 녹녹치 않을 것을 알지만 서로가 서로를 위하여 기도하며 하루하루 최선을 다하다 보면 그 녹녹지 않은 삶들이 결국엔 시냇가에 심겨진 나무처럼 행복한 삶으로 변화되어질 것을 확신한다.

이번 15차 세이레 기도회는 나에게 참으로 혹독했다. 시작도 하기 전에 손가락 화상에 또 아주 오랜만에 걸린 감기는 급기야 축농증으로 고열로 2주를 그렇게 고생을 하게 했다.

피부과로 이비인후과로 열심히 찾아다녔지만 바라는 마음처럼 쉽게 모두 나아주지를 않았다. 결국엔 아침저녁으로 주사를 맞으며 링거까지 한 병을 맞고서야 조금씩 숨이 쉬어지고 손가락도 조금씩 나아지기 시작했다. 코딱지에 핏덩어리가 굳어 콧속 깊숙이 끈적하게 들러붙은 것들이 새벽에 며칠을 나누어 시원하게 쏟아내고 나니 이제는 컨디션이 최고다.

그럼에도 한 번도 새벽기도의 앞자리를 빼앗기지 않음은 하나님의 크신 은혜였음으로 참으로 감사하다. 15차 세이레 기도회를 통하여 하고자 하는 것을 찾아냄이 얼마나 감사한지 나와 함께 하시는 하나님께 감사드린다.

　세이레 특별 기도회가 끝났음에도 이제는 새벽기도의 삶이 더욱 견고해져 하고자 하는 일을 위하여, 하고 싶은 것을 통하여 하나님이 기뻐하실 삶을 위하여 기도로 시작됨이 감사하다. "파이팅!" 하며 이를 위하여 열심히 공부하고자 하는 목적이 생겼음이 감사하며 또한 이러저러한 앞날에 두서없는 대화에 진지하게 멘토해 주시는 장로님을 보내주심도 큰 힘이 되었다.

　참으로 귀한 사람들을 만나게 해주시고 더욱 행복할 수 있는 것을 선택해 볼 수 있는 용기를 찾게 하심에 감사드리며 이 귀한 사람들을 위해, 이 귀한 생각과 용기를 잃지 않도록 계속해서 기도하여야 됨을 배운다.

　무엇을 어떻게 시작해야 할지 지금은 알 수 없지만 나의 믿음이 나의 의지가 지금에 나를 깨어나게 할 것이며 나를 변화시켜 줄 것이다. 새벽기도의 삶을 통하여, 하루하루 행동하려고 최선을 다할 것이며 그럼으로 인하여 조금씩 조금씩 변화하는 모습이 드러날 것을 나는 믿는다.

　이제는 인생을 어렵고 복잡하게 그리지 않는 습관에서 시작하려고 한다. 가장 편하고 가장 행복할 수 있는 것을 눈치 보지 않고 선택하며 살아가고자 한다.

　새벽기도의 삶을 통하여 내 안에 비춰진 영광이 가득한 삶을 찾아감이 기쁘다. 하나님께 영광 돌리는 삶, 하나님이 함께 하시는 삶이 얼마나 잔잔하고 평안한 삶인지 이제야 실감이 난다.

지금까지 수도 없이 들었던 푸른 초장 맑은 시냇가에 한 마리 어린 양과 같은 삶이 어떠한 것인지 와 닿는 나의 삶이 감사하다. 그것은 다름 아닌 거창하고 유식한 것이 아닌 그냥 하나님 아버지께 맡겨드리는 삶이다. 지금에 와서 내가 답답한 것은 그 많은 시간들을 살아오면서 왜 이토록 어렵게 깨우치는지, 왜 그렇게 고단한 삶이냐며 이제는 벗어나고 싶다고 진저리를 치면서도 목사님의 설교 말씀을 통하여 수도 없이 들었을 이것이 왜 그렇게 마음처럼 내려놔지지 않고 하나님 아버지께 맡겨드리지 못하였는지 그것이 참으로 안타깝다.

이제는 축복의 시작으로 입성하였으니 그러한 순수한 믿음 주신 하나님 아버지께 감사드린다.

영혼이 행복한 일을 하라

어느 늦은 봄날 퇴근 후에 친한 집사님과 저녁을 같이 하고 차를 마시며 이런저런 이야기를 나누다가 성격과 성향에 대해서 이야기를 나눌 기회가 있었다.

그 집사님이 나를 향하여 하는 말이 집사님은 말에 힘이 있고 말의 방향이 분명하기에 조금은 카리스마도 느껴지며 무슨 말을 해도 믿음이 간다고 했다. 또 처음에는 쉽게 다가가기 어려웠는데 지금은 너무 편하고 좋다고 한다. 나로서는 납득이 되지 않는 그렇지만 전혀 기분이 상하지 않는 그런 말로 들렸다.

그러면서 이어서 하는 말이 그렇기에 다른 사람에 비해 융통성이 부족할 수도 있다고 한다. 이게 아니면 돌아갈 줄도 알아야 하고 다른 길도 찾아볼 줄도 알아야 되는데 나는 그것이 어려울 것이라고 아주 조심스럽게 말을 건넨다.

나는 내 성격이 그게 아니라고 우겨보며 웃으면서 좋은 시간으로 마무리를 했지만 혼자서 이것에 대해 깊이 묵상해 보게 되었다.

짧지 않은 시간을 임봉업 장로님 옆에서 재정부서 일을 도와드리며 알게 된 인연으로 이러저러한 대화가 많았다. 그때마다 유익하게 좋은 말씀들을 해 주셔서 일상에서 흔들림 없이 교회 일을 감당할 수 있어 감사했으며 또 때로는 직분과 연륜에 어울리지 않는 유머감각으로 재미있게 교회 일을 할 수 있도록 하심도 감사하다.

그렇게 진실하신 분이라고 알고 있었기에 이제는 교회직원 자리를 내려놓고 나의 삶의 다음 여정을 위해 기도하고 있음을 말씀을 드리며 장로님께 좋은 말씀을 듣고자 용기를 내었던 시간이 있었다.

"장로님! 제가 벌써 교회사무실에서 일을 한지가 10년이 되어가요. 이제는 젊은 집사님이 새로 들어와서 그분도 그렇게 10년 정도는 교회와 성도님들을 아끼고 위하며 목사님에 사역을 도울 수 있어야 될 것을 알게 되었어요.

그리고 저도 사임 후에 제 삶도 형통하고 평안해야 우리 교회와 담임목사님 또 하나님 아버지께도 보람이 되고 누구보다 제 마음이 편할 것 같아요. 그러기 위해서는 저도 새롭게 일을 찾아야 되는데, 이제는 제가 주인이 되어 일을 해 보고 싶은 생각이 많아요."

그때 장로님이 나에게 해주셨던 말씀이 도무지 이해가 되지 않았다.

"저를 잘못보고 계시는 거예요."

하면서 오히려 발끈하며 이분에게 멘토를 구해본 것을 후회 해 본적이 있었다.

그때 하셨던 두 마디 말씀이 아마도 평생 잊혀지지 않을 것이다. 첫째는 왜 상대가 나를 가까이 하지 않으려 하는지, 둘째는 상대를 저울질 하는 표현을 고치라고 하면서 당신이 지금까지 옆에서 나를 본 그대로 솔직하게 말하니 상처 받지 말라는 것이었다. 그러면서 집사님은 이 두 가지 숙제만 해결되면 책임감과 성실함과 바른 성향과 믿음으로 무슨 일을 해도 잘해낼 것이라고 했다. 그러면서 몇 가지 업종을 추천해 주기도 하셨다.

세상에 이 무슨 갑자기 날벼락도 유분수지 내가 무슨 계산을 하고 저울질을 하면서 말을 하고 또 누가 나 같은 유순한 사람을 가까이하지 않으려 하겠는가 말이다. 하도 어이가 없어 그냥 웃으면서 말했다.

"장로님! 저는 모든 만남과 관계에 있어서 그렇게 순발력 있는 똑똑한 인물이 못됩니다."

그렇다. 나를 처음 대하거나 잘 모르는 상대방에게는 조금 까칠하게 보이는 성격으로 비춰지고 뭔가 계산이 앞서는 인상으로 보였을지도 모른다. 조금도 손해 보지 않을 성격으로 말이다.

그러나 나 자신은 솔직히 손해를 보더라도 '내가 더 손해 보자.' 그러면서 속이 상하는 일이 발생해도 그렇게 행동하며 살아온 것만 같은데 주변에 시선은 전혀 그렇지 못했는가 보다.

그 당시에는 이 말에 대해 생각해 볼 가치도 없고 기분 상할 이유도 없다고 단정 지어 버렸는데 자꾸만 생각이 나는 것이었다. 그러면서 조금씩 그 말을 이해할 수 있었고 '맞다.'라고 나중에는 인정하기에 이르렀다.

나도 모르는 나의 성격이 정말 이렇다면 어떻게 해서든 고쳐야 하겠고, 그게 아니라면 하나의 사업장의 주인으로도 이 말씀은 염두에 두면 되는 것이다.

어떤 연유에서 이러한 말씀을 해 주셨는지는 지금도 잘 모르겠지만 사업장을 운영하는 경영자의 한 분으로서 그 장로님은 아주 중요한 멘토를 해 주신 것임은 틀림이 없었다. 나중에는 장로님을 더욱 신뢰하며 감사하는 마음을 갖게 되었다. 꼭 필요한 조언이 또 필요할 때가 되면 아마도 난 주저 없이 또 장로님을 찾아갈 것이다. 그때는 이보다 더한 말씀을 하셔도 발끈하여 얼굴 붉히지는 않을 것이고 이러한 분이 옆에 계심에 더욱 감사할 것이다.

내가 하고자 하는 사업은 나를 잘 아는 사람을 상대함이 아니라 내가 처음 대하는 나를 잘 모르는 사람들을 만나야 한다. 새로운 사람들이 나의 주 고객이 될 것인데 이러한 사람들에게 까칠하게 보이고 내가 상대방을 저울질하면서 조금도 손해 보지 않는다는 사람으로 비춰진다면 그 고객은 나에게 나의 사업장에 가까이 하려 하지 않을 것이며 그로 인해 나의 사업은 반드시 망하게 될 것이다.

이러한 것이 나의 뇌리 속에서 깨달아지자 이렇게 귀한 말씀을 주신 장로님이 참으로 감사하고 또 한편으로는 '하나님의 은혜다.'라고 감사했다. '이 깨달음을 통하여 하나님이 나의 사업장에 복을 주시려고 작정하셨구나.' 하는 확신이 생겼다.

"주라. 하나라도 더 주려고 힘쓰라. 시시한 것 주지 말고 나도 누군가에게 그것을 받으면 어떨지 생각하면서 그것을 주라."

재정부 일을 도와드리면서 그래도 연륜이 있으시고 무엇보다 큰 사업장을 경영하시는 분이시니 뭔가 다름을 기대했었다. 그리고 기도제목을 간접적으로 나누며 기도해 주실 것을 바람해보면 장로님은 이상하리만큼 다른 말씀으로 그때마다 힘을 빠지게 하셨다. 처음엔 일부러 그러시나 싶었고 몇 해가 지나다 보니 세대차이로 소통이 안 되나 하는 생각도 사실 했었다.

그런 생각을 혼자 속으로 할 때마다 그것을 아시는지 모르시는지 상관 않고 열심히 해 주신 말씀 중에 하나가 주라는 말씀이셨다. 지금에 와 생각해 보니 참으로 성경적인 귀한 말씀인데 앞뒤 연결 없이 꼭 짚어 그 말씀만 하시니 듣는 입장에서는 힘이 풀렸던 것이다.

그 당시 내가 듣고 싶어 하는 말과는 전혀 다른 말씀들까지도 나의 아버지는 잊지 않게 하셔서 이후에 한마디 한마디 맞추어 보게 하시는 하나님 아버지의 섭리도 지내놓고 보니 참으로 놀랍다. 장로님과 나 사이에 하나님 아버지가 계셔서 전혀 다른 말씀들도 때가 되니 내게는 귀한 씨앗으로 심기어졌고 그 말씀에 씨앗들이 결국엔 하나님 아버지께 영광 돌리는 삶에 꼭 필요한 원칙이 되었음도 생각할수록 참으로 기적이다.

가장 편한 일을 찾으란다. 재미있는 업종이어야 한다고도 하신다. 도와줄 수 있는 사업을 하란다.

당시 나는 기도하던 중에 확신에 찬 업종을 찾음에 감사하고 있었다. 그랬기에 어느 정도 구상을 해 놓고 그 구상에 맞게 공부도 하고 준비하며 어떤 방법으로 운영할지 나름대로 손익계산을 끝낸 상태였다.

주일에 서류를 가지러 사무실에 들리신 장로님께 드렸던 말씀이 생각이 난다.

"장로님! 이 업종을 나름 모두 점검해 봤는데요."

당시 바쁘셨던 장로님은 서류를 받아 들고는 사무실 문을 밀고 나가시다가 다시 들어오셔서는 참으로 딱하다는 듯이 "집사님! 기도 다시 하세요." 하시며 그렇게 말을 못 알아 듣냐는 듯이 한심해 하셨다. 그래서 나도 어이가 없어 좀 솔직하고 직선적으로 발끈해서 말을 맞받았다.

"아니, 장로님 말씀대로 편한 것이, 재미있는 업종이 왜 없겠어요. 그렇지만 그것은 모든 형편이 넉넉한 사람들이 할 수 있는 일들이잖아요. 저는 지금 해보겠다는 열정과 용기밖에 없는데 그렇게 부정적이시면 제 모양이 얼마나 부끄럽겠어요."

그랬다. 사실 나는 지금까지 책상에 앉아 편하게 직장생활을 해 왔다. 그래서 공부하여 자격증을 취득하는 것이 조금은 수월할 것 같았으며 그것을 가지고 남다른 일을 시작해 보려는 계산이 있었다. 나는 그것이 내 성격에도 편하고 재미있으며 그 누구보다도 내가 잘할 수 있는 일이 될 것이라고 장담했는데… 그래서 그것이 성장되어 섬기고 도울 수 있는 도구가 될 것이라고 생각하는데 장로님은 한마디로 아니라고 하시면서 전혀 생각도 안 해 본 일들을 선심이라도 쓰시듯이 차분하게 말씀을 하신다.

'시작은 미약하면 미약할수록 좋은 것인가 보다'라는 생각을 하면서 나라는 사람도 참으로 이상스럽다 했다. 기분 상하는 소리, 듣기 싫은 소리를 하시면 그것으로 끝내버리면 될 것인데 내 형편이 이제는 뭔가를 정말 해야 하는 강박관념이 있어서였을까 장로님이 해 주신 말씀을 가지고 고민하고 또 고민하게 되니 그것도 지금에 와서 보면 하나님 아버지의 은혜였다.

"가장 행복할 수 있는 사업장을 하세요."

라고 하신다. 또 나 혼자 할 수 있는 일이어야 한단다. 그리고 하루 중 가장 적게 일할 수 있는 업종이면서도 많은 수익을 얻을 수 있어야 한다고도 하신다.

일을 시작하려고 하는 나에게 해 주시는 말씀들이 이렇다 보니 나중에는 아예 듣고 싶지도 않았고 뭔가 해보려는 용기와 의욕도 상실당하는 것 같아 대화를 피하고 싶은 심정도 솔직히 있었다.

나는 속으로 말했다.

'아니, 장로님! 그런 일이 어디에 있어요?'

요즘은 이러한 흐름이니 이러한 일들에 관심을 가지고 배워봄이 어떨지, 아니면 처음에 시작은 이러할 것이니 이러한 각오도 준비되어야 한다든지 등등 내가 듣고 싶어 하는 방향과는 전혀 다른 말씀들을 그것도 뜬금없이 한마디씩 던져주시니 전혀 이해할 수가 없었다. 그러면서 한편으로는 '집사님이 무슨 사업을 하시냐고 그냥 주부로 편하게 살라'고 하는 놀림이신가 하는 생각에 이르렀다. 그렇다 보니 얼마나 속이 상했는지…

나는 진심으로 정말 귀한 조언을 구해보고 싶음인데 이렇게 별 뜻 없는 말씀들로 들리니 그 섭섭함도 이루 말할 수 없었다. 그러면서도 참으로 감사한 것은 수일 내에 이렇게 말씀하신 장로님의 의중을 나름대로 깨닫게 되는 것이다. 그리고 그러한 일들을 찾아보게 되고 찾아보니 정말 그러한 업종의 일들이 있었다.

현재 내 자금 형편에 나 혼자 시작할 수 있는 일이어야 되며, 하루에 얼마나 일할 것인지도 계산해야 됨을 알았다. 아침부터 저녁까지 매일 일만 하는 업종이 되면 아무리 많은 물질을 모은다 해도 그것이 행복이 아니리라. 그리고 가장 적게 일하면서 가장 많이 버는 업종이라도 하나님의 자녀로서 나의 영육을 편안하게 해주지 못한다면 그것도 행복이 될 수 없으리라.

그러니 특별이 나의 영혼이 편안할 수 있는 업종을 찾으라는 말씀으로 나는 들었고 그것을 찾아내기에 힘써야 했으며, 찾아낼 수 있었다.

참으로 뒤돌아보면 하나님 아버지의 은혜이고 기적인 것이다.

꿈보다 해몽이 좋다고 했던가. 장로님은 어떤 생각으로 그런 말씀을 주셨을지는 몰라도 나는 그 당시 주신 말씀이 내 생각과 다르다고 흘려버리지 않고 농담으로 듣지 않고 나름 순수하게 받으려고 하는 마음이 앞섰다. 그러다 보니 이렇듯 훌륭하고 대견한 해석을 할 수 있었고 그것을 찾게 해 달라고 부르짖어 기도할 수 있었으며 결국에는 하나님 아버지의 은혜로 행동으로 옮겨볼 수 있는 감사함이 있었다.

결국엔 아무것도 할 수 없을 것 같은 평범한 성도가 또 누군가에게 편하고 행복한 사업장을 시작해 볼 수 있도록 용기와 영향을 줄 것이 감사하고 또 감사하다.

거룩한 공연

　나는 일 년에 서너 번은 적지 않은 비용을 투자하면서 연극과 영화나 뮤지컬 등을 찾아보며 공연을 즐기는 사람이다. 교회가 직장이다 보니 늘 토요일 저녁 마지막 공연을 관람하지만 보고 싶은 공연에는 게으르지 않았고 또 그때까지도 기다리다 같이 공연장으로 데리고 가는 두 친구 덕분에 지금까지도 그렇게 감사한 삶을 살고 있다.

　그런데 웬만한 뮤지컬은 다 보면서도 참으로 신기한 것은 잘 잊어버린다는 것이다. 단짝들과 같이 봐 놓고도 나중에 대화하다 보면 같이 있지 않았던 것처럼 말을 해서 웃음을 터뜨리기도 했다.

　연극이나 영화에 몰입하다 보면 스토리의 끝자락에 와 있다는 것을 알 수 있는 것은 마음이 감동과 감격으로 벅차오름이다. 모든 공연이 끝났음에도 그 여운을 어찌지 못하고 차를 마시면서 늦은 밤까지 같이 관람한 동행들과 진지하게 나눔을 갖는다.

　들뜬 감정을 안고 집으로 귀가하는 날이면 밤이 깊은 시간인데도 힘이 들고 피곤하기보단 나의 열정이 아직까지 살아있음이 또 육신의 장막이 지금도 건강하다는 것이 참으로 감사하다.

어느새 내 나이 마흔여덟이다. 진정한 아름다움이 무엇인지, 또 스스로 노력하여 일상을 살찌워 가지 않으면 안 되는 그런 나이가 되었다. 주책임을 알면서도 가슴에서 울리는 설렘도 많고, 순간순간 아무에게도 중요하지 않은 존재인가 싶은 우울함이 슬금슬금 찾아와 그것도 혼자만 앓고 극복해야 하는 그런 나이가 되었다.

그럼에도 은은한 향기가 있는 일상으로, 어느 누구에게나 조심스럽게 존중도 받는 삶으로 그렇게 아름답다는 소리를 듣고 싶은 그런 여자이고도 싶다. 그래서 아직도 하루하루 남다른 부지런함으로 매력 있는 삶을 만들어가고 싶음에 마음이 바쁘다.

유독 몸살을 앓듯이 나의 감성이 힘들었던 시간들을 떠올려본다. 4월이 지나갈 무렵 권사님 한 분이 사무실에 오셔서는 뜬금없이 말씀하셨다.

"집사님 나이가 지금 금값입니다."

무슨 연유에서 그런 말씀을 던지고 가셨는지 도무지 알 수는 없었지만 '금값'이라는 나의 나이를 하루 종일 머릿속에서 지울 수가 없었다. 지금도 한두 번씩 가끔 생각하게 된다.

그 당시에 아마도 '똑똑하고 젊은 집사님이 왜 이 좋은 세상에서 사무실 안에서만 시간을 허비하고 있느냐, 세상 밖에 나가면 활력 있고 비전 있는 일들이 얼마나 많은데…' 하는 말하기 어려운 뜻도 사실 있었을 것을 모르지 않는다.

지금 교회 밖에서는 벚꽃이 만개해 있고 여러 가지 꽃들이 지천에 한창인지라 사람들은 꽃구경을 한다고, 또 여행을 떠난다고들 법석이다.

그렇게 아름다운 세상임에도 매일 같이 하루하루가 어찌 돌아가고 있는지도 모르고 교회 사무실 안에만 있는 모습이 한편으로는 인정 많으신 권사님 눈과 마음에 안쓰러워 보였음도 없지 않았을 것이다.

오월이 되면 단짝 친구들도 안 되는 것을 알면서도 이번에 한 번만 같이 꼭 다녀오자고 하면서 조르는 그녀들의 퉁명스러움도 생각해보면 고맙고 감사하다.

지금까지 꽃구경을 못가더라도, 여행하고는 거리가 멀었어도, 친구들과의 모임에서 늘 떨어져 있어도, 또 그럴듯한 일감들에게 눈길을 전혀 돌리지 못하더라도 이러한 것들이 내 일상생활과 나의 감정에 전혀 상관이 없었다.

이제는 풋풋한 젊은이라고 우겨보기엔 좀 민망할 나이라고 스스로도 인정이 되는가 보다. 교회와 가정에서 익숙하게 별 어려움 없이 같은 일들을 반복하면서 범사에 감사하는 마음과 겸손함을 구하는 마음들이 예전 같지 않음이 이때부터인가 보다.

하나님 아버지께 감사하는 생활이기보다, 기도하려고 애쓰기보다, 날마다 공손하고 겸손함으로 새롭게 새 날을 맞이해야 하는 마음들이 언제부터인지 황량해지고 나의 감성이 메마르기 시작했다. 왜냐하면 생각도 못하던 말씀을 듣게 되면 별 뜻이 아님에도 오히려 나를 아껴주고 위해주는 말임에도 심각하게 감정이 일렁임을 어쩌지 못하니 말이다.

어느 날 저녁, 내 핸드폰을 들여다보면서 이쁜 딸 주영이가 "에구! 우리 엄마 핸드폰에는 하나같이 셀카 사진만 있네." 그러면서 이모들처럼 카카오스토리에 풍경이 있는 스토리를 올려보라고 한다.

별 뜻 없는 말 한마디에 나도 모르게 친구들의 스토리를 찾아보며 나의 것과 비교도 해보는 새침해진 내 모습의 기억이 떠오른다.

나의 하루하루 교회 사무실 일상들이 가난하고 빈약하다고 한 번도 생각해 본적이 없는데 '정말 그런가.' 하는 생각에 머물자 갑자기 우울해지면서 사람들 눈에도 측은하게 보여 지나 싶어진다. 급기야 하나님 아버지가 "누가 지금껏 너보고 그렇게 살라 했느냐"라고 하시면 어쩌지 하는 사단에 말도 꿈틀거리며 가슴에 파고든다.

기도하지 않고, 감사하지 않으니 성전 안에 살면서도 이렇게 별 뜻 없는 말 한마디에도 막다른 모퉁이에서 어디로 가야 할지 갈 바를 알지 못하는 당황하는 다 큰 어른처럼 참으로 힘이 들고 답답한 일상들이 되어 버리게 되는 것을 깨우치고는 감사하며 기도하는 삶이 얼마나 중요한 것인지 흐트러진 마음을 추스르게 된다.

믿음과 감사함으로 드리는 헌신과 섬김. 이러한 봉사만큼 큰 기쁨이 또 있을까!

힘들고 바쁘고 고단한 일상이라 해도 그들이 속한 부서를 통하여 헌신과 섬김으로 그 영혼이 힘을 얻어 거룩하고 더욱 견고한 믿음의 삶을 제대로 살아내는 지체들을 참 많이 보아 왔다.

나는 그 어느 기관에도 소속이 되어 있지 않다 보니 교회사무실에서 일하는 해가 더할수록 그런 외로움을 많이 경험했다. 소속공동체가 얼마나 중요하고 소중한 것인지도 갑절로 알게 되었다.

앞으로 내가 속하게 될 부서를 아끼고 위하는 마음, 최선을 다해 섬기고자 하는 자세는 이미 내 안에 가득 채워져 있는지도 모를 일이다. 사실 교회 직원이기는 하지만 성도로서 어느 기관에 소속이 되어 봉사도 하고 헌신하고 싶음이 순간순간 참으로 많았다. 그래서 직원에 사역을 내려놓으면 어느 소속이 되고 싶은지 혼자서 그림을 그려 보기도 했다.

이러한 감정이 극에 달하고 심각해질 때는 당장 사직하고 새로운 직업을 찾아 세상으로 나가 교회를 섬기고 싶은 마음이 간절했다. 그럼에도 처음 교회에 들어오던 해에 기도했던 "하나님 10년만 다닐게요." 했던 말이 나의 발목을 붙잡았고 그 이유가 은혜가 되어 10년이 지난 지금까지도 감사와 축복의 삶을 잃지 않고 있음이다.

처음 교회에 입사하면서 모든 봉사 자리를 내려놓아야 했다. 찬양대도, 주일학교 교사도, 교사 직분은 그 당시 사실 조금만 더 하면 10년 근속 상을 받을 시기여서 참으로 내려놓고 싶지가 않았다. 담당목사님께 교회 일에 조금도 지장 없게 하겠으니, 교사 직분은 그대로 감당할 수 있으면 좋겠다고 말씀드려 보았지만 역시 사무실 일에만 집중하여야 되니 나중에 다시 하라는 단호한 말씀이셨다.

나는 이 말씀에 아무 말도 못 드리고 지금까지 그렇게 순종하는 마음으로 교회를 섬겨왔다.

이제는 이 마음도 변질이 되었는지, 아니면 거룩한 배짱이라는 담대함이 내 안에 들어왔는지 연말에 교회 사역박람회가 열리면 괜히 이곳저곳을 기웃거리게 된다. 다른 성도들에게는 같이 섬겨보자고 아우성이면서 정작 내가 그 앞을 기웃거리고 관심을 보이며 서 있어도 아무 반응도 없고 웃어주기만 하는 그것을 모르진 않았지만 왠지 속이 상했다.

찬양국에 여러 찬양대가 있었지만 교회 직원이면서도 나는 카리스라는 국악워십 찬양대가 있음을 잘 모르고 있었다. 생긴 지 얼마 되지 않았고 몇몇 권사님들이 모여 만들어진 국악 워쉽 찬양대였다.
그런데 한 워십찬양대 정기발표회에 이 찬양대가 찬조초청이 되어 부채춤으로 하나님께 영광 돌리는 모습을 보게 되었고 또 후에 우리 교회 늘푸른대학이라고 주중에 한번 어르신을 섬기는 부서에서 개강예배나 종강예배를 드릴 때 특별초청으로 공연하는 모습을 한 번 더 보면서 큰 도전을 받았다. 찬양대에 목적이 요양원에 어르신들에게 복음을 전하고 섬기는 것이라고 하니 더욱 눈길이 갔다.
관심을 가지고 지켜보니 권사님 한 분이 강력하게 추천을 하신다. 당신도 사실 시작한지 얼마 되지 않았다고 같이 배워서 봉사하자고 하신다.

연습시간도 나로 인하여 권사님들 모두가 나의 휴무일인 월요일 오전으로 바꾸어주셨다. 참으로 반갑게 맞아주시는 권사님들께 "열심히 배우겠습니다."하고 씩씩하게 인사하고는 크게 어려움이 없을 것이라 기대했다.
첫날은 처음이니 그런가 보다 하면서 나름 분위기를 익히며 당황하지 않으려고 애썼다. 그렇지만 시간이 지나면 지날수록 여긴 내가 설 곳이 아니라는 것을 알았다. 내 몸은 맘처럼 유연하게 따라 주지 않았던 것이다.

　마음처럼 손과 발이 움직여 주지 않음이 얼마나 상심이 되는지, 더욱이 음악이 분명 찬양임에도 낯선 국악음이라 도무지 박자와 동작이 머릿속에 들어오지를 않았다. 거기다 북이며 장구 등등 악기를 메고 해야 하는 몸 찬양은 눈으로 보는 것과는 너무도 달랐다. 얼마나 많은 체력을 요구하는지 그저 생각 없이 눈으로만 볼 때는 이렇게 어려울 거란 생각을 하지 못했던 것이다.

　들어 온지 얼마 되지도 않아 그만 두겠다는 소리도 사실 부끄럽고, 많지 않은 대원들에게 어찌 말해야 될지 참으로 난감했다.

　그렇게 말도 못하고 시간만 보내고 있는데 몇 달 후에 우리 찬양대도 다른 찬양대 정기발표회에 찬조초청을 받았다며 준비를 해야 한다고 한다. 나는 그만두겠다는 마음을 아예 접어버리고 '이왕 이리된 거 해보자'라고 마음을 고쳐먹었다.

　그리고 퇴근 후에 연습실에 올라가 혼자서 동작을 익혀보기에 이르렀다. 내가 나를 봐도 참으로 뻣뻣했다.

　석 달 정도 지나니 이제야 손과 발이 조금은 국악소리에 맞추어 놀아주는 것이 느껴졌다. 이제야 귀에 국악소리가 들어오는 듯하다.

　다윗이 하나님의 언약궤가 다윗 성으로 들어올 때에 너무 좋아서 춤을 추었다는 말씀이 생각이 난다. 하나님 아버지 앞에서 나도 그렇게 다윗과 같이 어린아이가 되어 덩실덩실 춤을 추고 싶어진다. 하나님을 향하여 지금까지 나와 함께하여 주심에 감사하다고 나의 몸으로 찬양하며 인사드리고 싶다.

하나님 아버지께 영광 돌리는 우리의 거룩한 몸 찬양을 보시는 많은 성도님들이 감격과 감동으로 그 여운을 같이 나누기를, 지역 요양원에 많은 어르신들이 예수님을 믿고 영혼이 구원받는 복음전도에 도구가 될 것을 소망해 본다.

하나님 아버지의 은혜는 참으로 끝이 없음에 감사드린다. 문득문득 지나온 나의 삶을 뒤돌아보면 참으로 형통하고 평안하였음을 발견한다. 또 생각할수록 지나간 삶이 대견하고 기특하다고 내가 나에게 칭찬함이 모자람은 사실이겠지만 그럼에도 이 또한 감사하다.

예수님이 십자가에서 보혈을 흘려 죽으심 덕분에 살아갈 수 있는 지금 현재의 나의 삶과 하나님 아버지가 허락하신 나의 일생 여정에서 온 마음과 몸을 다하여 하나님을 찬양하며 많은 어르신들에게 몸 찬양으로 복음을 증거 하는 지금에 나의 모습이야말로 분명 금값임을 깨달아보는 이 시간이 참으로 감사하다. 앞으로도 이 깨달음을 잊지 않고 금값 되게 살아내야 할 삶이어야 됨을 다짐한다.

처음으로 무대에 올라 하나님 아버지께 영광 돌린 거룩한 공연은 지금까지 살아온 그 어떤 것보다도 더욱 빛나게 기억될 것이다.

"앞으로도 하나님 아버지가 허락하신 내 삶 속에서 찬양을 통하여 내 안에 비춰진 영광이 가득한 삶이 되게 하소서. 또 오직 믿음으로 사랑스러운 몸 된 교회의 한 송이 백합화로 그 향기가 솔솔 묻어나는 진정 아름답고 매력 있는 삶이 되게 하소서!"

고백

나의
몸과 맘을 다하여
당신을 찬양함이
이렇게 가슴이 설레이며
떨림이 있는 기쁨인줄을 이제야 알았습니다.

거룩한
산 제물이 되어
모두 태워 드리고 싶은 진심을
당신께선 이미 알고 계심도 알았습니다.

이제야
살아온 인생 뒤돌아보면
태워드릴 거룩한 육신의 장막이 아님이
안타까워 눈물이 납니다.

그럼에도
나를 찾아보시는 아버지를
그런 당신만을
나도 뜨겁게 사랑하고 있음을 어찌 숨겨보겠습니까?

당신께로

염치없이 두 손을 모으고

당신만을 향하여

얼룩진 나의 영육으로 소리쳐

오래전부터 사랑한다고 고백해봅니다.

(김명란 시집 중에서)

이젠 전도자의 삶을 살고 싶다

    2016년 가을 행복아카데미 4학기를 모두 끝내고 무사히 졸업을 하였다. 밤낮으로 행복아카데미에 집중하면서 지나온 2년에 시간이 사실 녹녹치만은 않았다.
    그러나 10년이 지나고 20년이 지나 뒤돌아보면서 그때는 이렇게 말을 할 것 같다.

    "행복아가네미를 통하여 나의 삶이 많이 변화되었어요, 전도하는 삶, 영혼을 소중히 여기는 삶, 아버지의 마음이 무엇인지 아버지의 소원이 무엇인지 가슴에 새기어 그렇게 살려 노력할 수 있었음이 행복아카데미 덕분입니다."

    정말 그런 고백의 시간이 있었으면 좋겠다.
    바른 믿음의 신앙인에 삶이란 도덕적으로 윤리적으로 바름에 근거해야 되겠지만 그보다도 우선이 전도자의 삶이며 땅 끝까지 예수님의 복음에 증인 된 삶이 먼저라는 것을 알고 그것을 실천할 수 있음이 결국엔 큰 축복이었음을 고백하기를 기대한다.

올해도 어김없이 예수 사랑 새 생명 대축제가 한 달 앞으로 다가오고 있다. 이번에는 나도 꼭 전도해 보리라 다짐해 본다. 몇 년째 기도하고 섬기며 관계를 맺어온 나의 태신자들을 이번에는 전도를 어찌할지 고민해 본다.

'화를 내서라도 정말이지 끌고 오고 싶은 심정을 그들은 알까! 제발 한 번만이라도 교회에 와서 우리 목사님 설교 말씀 들어보라고 간곡하게 부탁이라도 드려봐야 되나' 하는 여러 가지 방법들을 찾는 중이다.

언제부터인가 전도에 있어서도 "집사님은 나보다 더하십니다."라는 소리를 듣고 싶다는 욕심을 품게 되었다.

한번은 월요일 쉬는 날에 집근처에 찾아볼 것이 있어서 외출했다. 마침 저 만치서 "예수 믿고 천국 가세요."라고 외치며 다니는 전도자를 만났다.

무더운 여름이었기에 허름한 반바지에 슬리퍼를 신고 가벼운 티셔츠를 걸친 화장도 하지 않은 모습은 아마도 아무 외침이 없었다면 가까운 슈퍼에라도 다녀오는 모습이었다. 솔직히 나의 눈에 세련된 인상은 아니었던 것 같다.

나에게도 손을 흔들며 웃는 얼굴로 그렇게 외쳤다. 나는 그 인사에 아무 말 없이 웃으며 지나온 모습이 지내놓고 생각하면 할수록 부끄럽다는 생각을 하게 되었다.

그 당시 그 소리를 듣고 서너 명이 모여 전도자를 손가락질하듯 가리키며 수군거리는 소리를 들었다. 분명 그 전도자를 비방하는 소리였을 것이다. 간절한 외침에 대답하는 사람은 한 사람도 없었고 전도자의 소리를 듣고도 반응을 보이는 사람도 없었다.

모두들 못 들은 척, 하고 있던 일들에만 시선을 주고 있는 모습들이지만 못들은 사람은 한 사람도 없었을 것이다. 모두들 "예수 믿고 천국 가세요."라는 소리를 똑바로 들었을 것이다. 이들 중에 예수 믿고 천국 가라는 소리를 듣고 교회에 나가 예수님을 믿고 천국 가는 영혼이 분명 있게 되도록 하나님은 전도자들을 통해 일하고 계심을 믿는다.

'저 전도자는 참 귀한 사람이군아! 하나님 아버지가 보실 때 얼마나 귀할까?' 영혼을 살리는 일에 모든 것을 쏟아 붓고 있음이 예수님을 믿는 나로서는 참으로 부러웠다.

그러면서 '나는 왜 못하지? 나는 왜 안하고 있지? 나도 예수님을 믿고 있으면서 하나님을 사랑한다고 그렇게 기도할 때마다 고백을 하면서 정작 하나님 아버지가 기뻐하시는 전도자의 삶은 내 일상에 왜 없지?' 하면서 스스로에게 많은 꾸지람을 했다.

월요일에 하루 시간을 내어 전도자를 만나서 나눔을 나누어보고 싶어졌다. 그리고 도전을 받아 나도 거룩한 용기를 내어 시간을 정해놓고 "예수 믿고 천국 가세요."라고 외치는 전도자가 되고 싶은 마음이 간절해졌다.

나는 사무실 직원으로 있으면서 '하나님 아버지는 왜 나를 교회 사무실로 인도해 주셨을까? 왜 여기에서 하나님의 일들에 집중하는 삶을 보게 하시고 그것을 눈으로 보고 배우게 하셨을까? 혼자 마음으로 약속한 10년이라는 시간을 다 채우고 나면 하나님 아버지는 어떤 길로 나의 삶을 또 인도해 주실까?' 하는 생각을 참으로 많이 해 왔다.

　사실 지금까지도 이런 기대함을 계속 품고 있다. 이런 거룩한 기대가 내 것이 안 될지라도 이미 나에게는 하나님 아버지가 챙겨주신 은혜가 가득가득 내 삶에, 내 생활에 견고하게 심겨져 있다.

　새벽기도의 삶으로 또 조급함 없이 매일 새벽에 드리는 일천번제가 계속해서 이천, 삼천번제로 이어질 것이며 그 기도와 드림으로 이미 나는 최고로 복 받은 하나님 아버지의 자녀임을 감사하지 않을 수 없다.

　그 은혜를 이제는 어찌 갚아나가야 되는지 고민해야 됨을 알아버린 성도가 어찌 행복하지 않으며, 평안하지 않으며, 형통하지 않겠는가!

　나는 계속해서 맑고 시원한 생수를 퍼내듯 하나님 아버지가 기뻐하실 일들에 집중할 것이며, 하나님 아버지는 계속해서 나의 영혼에 맑고 시원한 생수를 가득가득 채워주실 것을 소원하며 기도한다.

나는 오늘도 그 우물가에 앉아 있다

언제부터일까
내 마음속에 나만 알고 있는
나만 마시는 깊은 우물이 하나 있다

언제부터 이 우물을 파기 시작했는지
또 언제부터 이 우물을 찾아왔는지
아주 오래전부터 이 깊은 우물을 파놓고 있었나 보다

거기서 생각을 하고
거기서 마음을 다독이고
거기서 또 다른 생각을 찾아 언제 그랬냐는 듯이
활기찬 일상을 찾아가곤 한다

그것이
당신에게 늘 한결 같을 수 있음이고
당신에게 늘 명랑할 수 있음이고
당신 곁에 있을 수 있음임을 나중에야 알았다

또 그것이
나만에
내 속에

깊은 우물이 있는 까닭이었나 보다

나는 오늘도 그 우물가에 앉아 있다

(김명란 시집 중에서)

내 삶의 모델은 우리 엄마

나의 남은 인생은 심방하며 섬기는 삶이길 소망한다. 몸이 아픈 성도를 찾아 병원으로, 마음이 아픈 성도를 찾아 가정으로 그렇게 기쁨에 장소가 되었든 슬픔의 장소가 되었든 그 어디도 마다하지 않고 진심으로 예수님의 마음으로 함께 기뻐하며 슬픔을 나누는 그런 성도가 되고 싶다.

그렇게 따뜻한 마음을 품고 목사님을 따라 다니면서 심방예배를 드리고 낙심하여 절망 가운데 있는 성도들을 조용조용히 찾아가 손을 잡아 주고 싶다. '살아보니 다 지나간다고… 또 믿음만을 가지고 힘을 내어 견디다 보면 별것도 아니더라.'고 그렇게 격려하고 위로하는 하루하루가 되었으면 좋겠다.

나의 연약한 육신과 나의 까칠까칠한 믿음 밭에도 봄비처럼 은혜의 생명수가 나의 일상에 촉촉이 젖어 들어 그 은혜로 나의 영혼이 하나님 아버지 앞에 가기까지 건강하게 살아지기를 기도한다. 또 남은 나의 삶을 헌신하며 살아지기를 소망한다. 하나님 아버지가 내게 허락해 주신 달란트를 앞으로도 땅에 묻어두지 않고 쓰임 받기를 간구한다.

사례비를 받는 직원사역이 아니라 지금까지 나를 살려주시고 함께하여 주신 하나님 아버지를 위하여, 몸 된 성전을 위하여 이제는 헌신하며 섬기는 삶이 되도록 거룩한 욕심을 내어본다. 그렇게라도 성전에 매여 있는 것이 나의 믿음의 수준임을 나는 잘 알고 있다.

참으로 어려운 것이 나의 마음과는 다르게 조금만 틈을 보이고 예배생활과 기도생활에 조금만 게으르면 뒤돌아볼 사이도 없이 주님 앞을 벗어나 있고 귀가 닳도록 들었던 하나님 아버지의 말씀도 큰 두려움도 없이 불순종하는 모습이 자연스럽게 들어난다.

지금까지는 나의 환경이 믿음의 사람들과 함께 생활함으로 또 사랑스러운 몸 된 성전이 든든한 울타리가 되어 게으름 속에서도 크게 영향을 받지 않았음이 생각할수록 감사하고 감사하다.

사랑만 받다 시집가는 막내딸처럼, 이제는 그러한 울타리에서 출가하는 나의 모양이 현실이 되었음을 누구보다 나약하고 연약한 믿음임을 스스로 잘 알기에 두려움이 벌써부터 앞선다.

그래서일까. 앞으로는 목사님을 따라 다니며 심방하는 삶에 집중하고 싶다. 그래서 인지 설교 말씀 중에 어떤 모양이 되었든 섬기는 자리에는 항상 있으려고 최선을 다하라는 말씀이 감사하다.

하나님 아버지의 말씀이 내 마음 밭에 오직 믿음으로 심겨짐은 그러한 삶을 또 살게 하실 것을 누구보다 잘 알기에 벌써부터 나의 영혼은 평안하고 감사하다.

시골에서 태어나 어려서부터 농사일만 하시는 부모님을 가까이 보면서 성장했기에 농사일을 조금 알 것이라는 것이 나와는 전혀 상관이 없나 보다.

한번은 이쁜 딸 주영이 방 정도가 되는 크기의 땅에 주말농장을 해볼 기회가 있어 가장 수월하다는 상추와 고구마를 심어봤다. 옆 밭에서 같이 하던 교회에 오라버니 같은 집사님이 "몰라도 그렇게 모르냐고, 짐작으로도 그 정도는 알겠다." 하시며 참으로 어이없다는 듯 도와주셨던 것이 지금도 두고두고 놀림감이 되었다. 그 집사님 덕분에 어쨌든 가을에 몇 개인지 모를 고구마도 캐보고 고구마 줄기도 뜯어봤음에 감사하다.

새벽 예배가 시작되기를 기다리며 가만히 눈을 감고 있으니 유년 시절이 떠오른다.

벼농사를 주로 하던 시골에서는 제법 부자소리를 들었다. 시골 부잣집의 아낙은 그야말로 안 밖으로 일이 많다. 소죽 쑤는 이른 새벽 "형님~"하면서 아버지를 찾아오는 이웃집 아저씨에게 찌개 한 그릇, 막걸리 한 사발, 거기에 숟가락 하나 올린 소반상을 대접해야 하루가 시작되는 그 당시 '엄마는 얼마나 고단하셨을까' 하고 흑백사진 한 장이 스치듯 기억이 떠오른다.

유년 시절 시골집으로 돌아가 생각하니 참으로 무엇이 심겨졌었는지는 잘 모르겠지만 건강한 잎사귀들로 가득 채워졌던 넓은 밭들이 참으로 보기에 좋았던 것으로 추억된다.

부지런하신 엄마는 새벽마다 나가서 가꾸고, 비가 오면 또 나가 보시고 그렇게 매일 밭에다 눈길을 두고 사셨음을 이제야 알았다.

그렇게 봄부터 여름 내내 눈길 한 번 안 떼고 정성들여 가꾼 밭에서 가을이면 옥수수, 고구마, 조, 콩. 내가 기억하는 이름은 이것이 다이지만 참으로 많은 곡식들을 거두었다.

가을이 되면 날마다 캄캄한 밤중까지 일을 하시면서도 엄마의 얼굴은 늘 웃음이 가득하셨다. 그렇게 밤이 늦게 집으로 돌아오셔서는 고사리 같은 손으로 지어놓은 저녁과 깨끗하게 청소된 집안을 둘러보시면서 더욱 기분이 좋아지셔서는 "이렇게 못난 엄마한테 어찌 요런 이쁜 것이 생겼나!" 하는 말들을 하시면서 거친 손으로 내 얼굴을 부비셨다.

그 시절 어린 딸을 향하여 그것이 가슴에서 울려 나오는 얼마나 고맙고 감사하다는 고백인지 기준이와 주영이를 보면서 이제야 비로소 공감이 된다.

어느 날 새벽예배를 드리면서 목사님 설교를 듣다가 갑자기 나의 믿음 밭도 이러해야 됨을 깨달았다. 하나님 음성이 매일 한 가지씩 심겨져서 한없이 넓고 넓은 건강한 내 마음의 밭을 만들어 가야 한다.

말씀에 감동이 되어 결심하고 결단하는 것들을 기도로 잘 심고, 정성을 들여 실천함으로 그렇게 눈길을 떼지 않고 그곳으로 시선을 고정하고 생활신앙을 가꾸다 보면 각종의 것들을 풍성하게 거두어 들이는 삶이 되리라. 이 풍성한 것들을 나누고 누림으로 인하여 나의 얼굴도 매일매일이 살아생전에 친정엄마의 얼굴이고 싶다.

내 삶의 거울! 우리 엄마

　엄마가 천국으로 가신지도 어느새 15년이 훌쩍 지나갔다. 친정엄마의 삶은 나의 생활에 거울이 되어주는 현장이 아주아주 많았다.
　기준이와 주영이의 사춘기 시기에도, 또 나의 가정을 꾸려감에 힘이 버겁고 낙심될 때에도, 여자로서 나의 인생을 회상해 볼 때에도 친정 엄마를 떠올리며 엄마의 삶을 그대로 흉내 내어 본적이 사실 얼마나 많았는지….
　그래도 조금은 젊은 연세 칠순에 위암이라는 진단을 받아놓으시고는 한동안 숨기시다가 결국에는 자식들이 모두 알아버리게 되어 얼마나 또 미안해 하셨는지 모른다. 당신은 살만큼 살았다고 내 새끼들이 돈쓰는 것도 아깝고 나로 인해 마음 아파하는 것도 싫다고 하시는 전형적인 한국의 그 어머니의 모습이셨다.
　수술받기 싫으시다는 것을 "엄마 제발" 하면서 눈물로 간구하는 자식들의 소원을 뿌리치지 못하시고 결국에는 수술대에 올라주셨던 엄마이시다.
　당신도 당신의 육신의 형편을 이미 알고 계셨음을 모르지 않았지만 그 당시에는 자식 된 새끼들은 그냥 엄마를 살려달라고만 했었다.

수술 후 일 년이라는 삶은 마지막 인생을 마무리하라고 주신 시간이었음을 엄마는 이미 짐작을 하고 계셨다. 칠순이라는 젊은 노년에 지팡이를 짚으시는 엄마의 모습은 얼마나 낯설고 설움이 복받치고 또 화가 났는지 정확하게 표현할 방법이 당시에는 없었다. 그러한 모습이 새끼들 앞에서 참으로 난처하셨을 엄마도 부끄러운 듯 웃어주셨다.

그 지팡이를 짚으시고 힘을 다해 마지막 한숨까지 새벽재단을 쌓아 가시며 기도의 삶을 사셨던 엄마의 모습은 나에게는 사실 자랑이며 은혜 중에 은혜다. 그런 훌륭한 어머니의 모습을 기억하는 딸임에도 불구하고 "왜 나는 이렇게 힘들게 살아야 되냐"고 하나님 아버지를 향하여 투정하고 토라질 때가 얼마나 많은지… 또 아직도 투정만 부리는 수준에서 벗어나지 못하는지….

다시는 일어서기 힘들 병상에 누우시면서부터 하루하루가 다르게 육신의 장막이 허물어져 가는 것을 눈으로 보았다. 그럼에도 손을 잡아드릴 때마다 힘을 다해 내 손을 꼭 잡아주시는 그것은 당신의 딸임을 알아보시는 당신만의 방법이셨을 것이다.

그렇게 사랑하는 나의 엄마를 차가운 땅에 묻어 모시고 휑한 가슴이 되어 그토록 섬기시고 기도하시던 성전을 찾아가 엎드리니 눈물이 주르륵 흐른다. 감사하게도 교회에서는 살아생전의 엄마가 섬기셨던 모습들만을 편집해서 예배시간에 영상으로 잠깐 보여주셨다. 마지막 장면이 지팡이를 짚으시고 구역 특송으로 하나님께 찬양 드리는 모습이었다.

지금도 문득문득 병상 속에 계셨던 엄마의 모습이 떠오를 때가 많다. 엄마의 그 사랑을, 그 그리움이 사무쳐 삭히지 못할 때면 얼마나 힘이 드는지….

이제는 기준이와 주영이의 강건한 엄마가 되어, 크게 받은 사랑을 다시 또 심어주고 새벽재단을 쌓아 기도하며 지팡이를 짚기까지 하나님 아버지를 찬양하며 살아내야 됨이 엄마에게 받은 사랑을 진심으로 갚는 길임을 나와 함께하시는 하나님 아버지의 바람임을 되새긴다.

기준이와 주영이의 삶 속에 지금에 나의 작은 믿음의 모습들이 때마다 힘을 낼 수 있는 아니 힘을 내야 하는 목적이 되고, 나의 새끼들의 삶에 거울이 되리라는 생각은 한없이 나의 일상과 순간순간의 마음을 평안하고 행복하게 다듬어 준다.

참으로 살아볼만한 삶이 우리의 인생인가 보다. 더욱이 천국을 소망하며 살아내는 믿음의 삶은 고단하고 분주한 하루하루가 될지라도 모두 지내놓고 하나님 아버지 앞에 서면 기쁨이고 귀한 성취일 것이기에 더욱 값지게 여겨진다. 하나님 아버지의 자녀 된 삶은 그 어느 것과도 견줌이 되지 않는 아주 커다란 보석상자와 같다. 할렐루야~~

모두가 당신 덕분이어서

당신을 사랑할 수 있었음은
생각할수록
되짚어볼수록
당신에게 감사할 일입니다.

살아생전에
아니 살아가면서도 여러 사연과 사정으로 인해
아무도 사랑할 수 없는 사람도 있고
또 아무에게도 사랑을 받아볼 수 없는 사람도 있음을
저는 오늘에서야 배웠습니다.

나의 당신은
사랑하며 용서하며 살라고
또 사랑받으며 용서를 구하며 살라고 그렇게 당부하셨는데요
그것이 마음처럼
그것이 말씀처럼 쉽지 않음을, 사실 하기 싫은 것임을
저는 오늘도 미련한 고집만 세우고 있습니다.

그럼에도
나의 삶에서 당신을 사랑할 수 있어서
나의 삶 속에서 당신의 사랑을 늘 확인할 수 있어서

나의 삶이 헛되지 않음도

나의 삶이 외롭지 않음도

모두가 당신 덕분이여서 감사합니다.

(김명란 시집 중에서)

글을 정리하며

어느 날 부임해 오신지 얼마 안 되신 부목사님 중 한 분이 내게 물으셨다.

"집사님은 시도 쓰신다고 하셨는데 대상이 누구입니까? 그리고 어떤 내용으로 씁니까?"

뜻밖에 질문과 관심이 감사했다. 글을 쓴다는 성도가 참으로 인상이 깊으셨나 보다. 뭐라고 한마디로 대답하기는 어려웠는데 그럼에도 글에 대한 관심이 감사해서 잠깐 생각을 해보고 대답을 드렸다.

"저는 사실 감사기도를, 사랑하는 마음을 시로 표현하는 글이 많은 것 같아요. 대상은 주변에 인간관계부터 자연으로까지 참으로 다양하고 많습니다."

사실 글을 쓰는 사람들은 누군가 읽어줄 대상을 생각하면서 쓰는 것이 당연할 것이다. 편지처럼 말이다. 나 역시 같은 마음으로 글을 쓴다.

가장 가까이에서 서로 아옹다옹 사랑하고 사랑받으며, 또 때로는 미워하며 미움받으며 같이 살아가고 있는 수많은 사람들! 또 우연히 서점에 나갔다가 나의 책이 꽂혀 있음을, 놀랍고 반가워하며 무작정 구입해 줄 오랜 지인들과 그리움을 달리 표현할 길 없는 내 안에 연민들! 그리고 나의 하늘 아버지!

이들을 향하여 담아낸 마음들이 나의 글들이다. 누군가의 영혼에게는 자기의 마음을 대변해 주어서 고맙다고, 또 누군가에 영혼에게는 그런 마음이어야 됨을 알게 해 주어서 고맙다고, 그런 소리들을 기대해 보는 마음도 사실 내 안에 가득하며 누구에게나 평안한 마음으로 읽혀지길 바라는 욕심도 적지 않다.

많은 회상들 가운데 유독 애착이 가는 것들을 모아 그런 마음들과 공유하고 싶었으며 그럼에도 한편으론 나의 모든 내면을 드러내어 보여야 하는 속살이기에 벌거벗은 듯 부끄러움도 가득하다. 이런 마음은 아마도 당연한지도 모르겠지만 그럼에도 용기를 부어 주신 나의 아버지께 감사드리며 내 영혼의 평안함을 구해보는 밤이다.

영광이 가득한 간증을 써보라는 담임목사님의 말씀은 나에게 더 없이 큰 축복의 메시지였다. "이제부터는 내 삶이 하나님이 기뻐하시는 영광이 가득한 성도가 되라"는 말씀으로 받았고 그런 그릇이 되게 해 달라고 기도할 수 있는 믿음과 또한 축복에 시작이 될 것을 기대하며 하나님 아버지께 감사드린다. 이 글을 통하여 담임목사님께도 감사를 드린다.

이 나라에 수많은 성도들, 나와 비슷한 환경과 형편에서 하나님만을 바라보며 힘을 내야 하는 믿음의 형제자매들이 사실 많지 않겠는가!

그분들도 오직 믿음으로 새벽기도의 삶을 살아 평안하고 형통한 행복한 성도들로 변화되어 주기를 바라는 소망이 내 안에 가득 채워져 있다. 내 앞가림도 버거운 성도가 주제넘게 이런 소망을 품어 봄이 가당치 않을 수 있음을 모르지 않지만 글을 씀에 목적이 처음부터 지금까지도 그랬다.

수많은 교회들마다 오직 믿음으로 행복한 성도들로 가득가득 채워져서 하나님의 나라를 위하여 모두가 쓰임 받는 성전들이 되길 기도한다.

그래서일까 아무도 바람해 주지 않는 혼자만의 글쓰기가 지쳐갈 쯤이 되면, 그 소망이 현실이 되어 교회마다 행복한 모습의 성도들이 넘쳐날 것을 그려보면서 마음 밭을 고르며 힘을 내곤 했음도 부끄럽지만 사실이며 또 감사하다.

목사님 말씀처럼 "나는 할 수 있다. 나는 잘 될 거야!"라는 믿음을 내 안에 끊임없이 반복해서 심어주는 연습을 하면서 반드시 내 안에 비춰진 영광이 가득한 삶이 되어 하나님이 기뻐하시고 나도 행복한 삶을 살리라는 잠재의식이 내 안에 깊이 박히도록 애썼다. 하늘은 스스로 돕는 자를 돕는다는 옛 선인들의 지혜의 말처럼 최선을 다하여 열심히 살려 노력하는 자에게 하나님 아버지도 최선을 다하여 긍휼히 여기시고 지켜주시고 세워주시는 분임을 소리 질러 알리고 싶다.

   그러한 마음가짐과 믿음, 또 용기와 도전정신이 나를 행복한 삶이 되도록 만들어 주었으며 앞으로도 그러한 삶을 살아가게 하실 것을 믿음으로 감사드린다.
   모든 영광과 기쁨을 나에게 시선을 고정하시고 지키시는 하나님 아버지께 올려 드린다. 할렐루야!!

내 안에 비춰진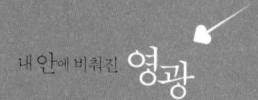